社会科の授業実践 50のポイント 新訂版

石橋昌雄 著

教育出版

「だれでもできる社会科授業」をめざして

本書の初版が出版されて5年間がたちました。この間，全国の学校では教員の世代交代が進み，とりわけ都市部では大量の若手教員が誕生しています。若手教員は，子どもとの年齢が近く，熱心に指導するという良さがある反面，授業力については心配な点もあります。私事ですが，この間に小学校の校長を辞して，小学校・幼稚園教員，保育士を養成する大学に勤務することになりました。熱く教員をめざす学生を大切に育てています。また，各地の学校や教育委員会等から「若手教員に社会科や生活科についてわかりやすく指導してください」とのご依頼を受けることが多くあります。そこでは相変わらず「社会科の授業ってどうやればいいんですか。」「社会科は暗記すればいいんですか。」「私自身が社会科が苦手なのでどう指導していいかわかりません。」などの質問が多く寄せられます。

そこで，新学習指導要領の全面実施にあたって，各地での質問にも答える形で全面的に新訂することになりました。これまでどおり，本書はきわめて実践的な内容や方法について記してあります。そのわけは，世の中には，社会科の理論を書いた本や，諸外国の社会科を紹介した本，学習指導要領を解説した本，社会科の実践例を紹介した本，社会科を指導する際の教材や方法のアイデアを紹介した本は多くありますが，若い教師が社会科指導の参考として使える本があまりないことによります。

また，今回は新学習指導要領に沿って書き直すとともに，読者の希望に沿って，やや方法が重視されていた初版から，基礎的な社会科の内容についてもある程度記すことにしました。また，目次についても，引きやすいようにテーマを先に掲げました。

現場の教師は忙しいので，1項目を5〜10分程度で読めるようにしてあります。また，ページの制約で，諸説あるところをバッサリと切った解説になっている部分もあります。その点をあらかじめお詫びしておきます。

本書の構成はおよそ次ページのようになっています。最初から読まなくても，必要な時に必要な項目だけお読み下さってもわかるように書いてあります。

〈各項目の基本構成〉

ここがポイント ……どうしても落とせないポイントです。

こんな子どうします? ……あえて社会科授業で「困った子」を取り上げました。

ある先生にこう言われました ……あえて「社会科の授業をやる気が今ひとつの先生」の本音を取り上げました。

フレッシュ先生が陥りやすい「落とし穴」 ……初任者の先生が戸惑う点を取り上げました。

 =子どものつぶやきです。 =フレッシュ先生のつぶやきです。

　本書が社会科を初めて指導する初任者の先生や，社会科が苦手な先生たちの指導の手助けとなれば幸いです。

　　令和元年 12 月

　　　　　　　　　　　　　　　　　　　　　　　　　　　石 橋 昌 雄

目　　次

1 社会科の授業が成立する学級をつくるためにはどうすればよいのですか？

ここがポイント

◎共に学ぶ「温かい学級」をつくる

社会科の授業は問題解決的な学習指導を中心として展開するため，子どもたちが安心して調べ・考え・表現できる学級でないと授業自体が成り立ちません。つまり，学級集団の中に対話的に学び友達の考えを認め合う温かい雰囲気，自ら主体的に追究していこうとする姿勢，言葉や文字で自分の考えなどを表現する力が身に付いていないと，いくらすばらしい発問や教材，資料を準備しても社会科の良い授業はできません。

◎社会科の良い授業が成立する学級をつくる

こうしたらどうかなあ？

①椅子を引き，しっかりと座れる学級
②社会科に必要な教科書・副読本・資料集・地図帳・辞書・年表などを忘れずに準備できる学級
③「はい」「立つ」「です」の発言ルールができている学級
④友達や教師の話を聞く姿勢ができている学級
⑤教師が本時の「めあて」を明確に示し，子どもが「問い」をもっている学級
⑥教師も子どもも問題解決学習の流れがわかっている学級
⑦子どもが自分の考えを言葉や文字で表現できる学級
⑧学習の経過が見える掲示や資料が展示されている学級
⑨板書やノートが問題解決的に書かれている学級
⑩子どもが地域や社会で起こる出来事に興味・関心をもっている学級

こんな子どうします？

◎地域や社会の出来事に興味・関心がもてない子

例えば，日本の農業について扱っている場合は，農業関係の新聞記事の切り抜きや，農

家で働く人の写真，農家で使っている道具や機械の写真など社会科的な興味・関心が高まるようなものを教室内に掲示したり展示したりしましょう。

ある先生にこう言われました

◎「社会科と学級づくりは関係ないよ！」

　社会科は人と人，自分と社会との関わりなどについて学ぶ教科です。学校の中で学級は，子どもと子どもが関わりながら学ぶ，まさに小社会そのものです。大人の社会で起こっていることの中には，子どもの社会にも直結していることが多々あります。だからこそ，とりわけ社会科にとっては温かい学級づくりが大切なのです。

フレッシュ先生が陥りやすい「落とし穴」

◎教師が言葉で何もかも伝えようとする学級になっていませんか？

　言葉で伝えられる社会的事象は抽象的なものが多く，子どもにとってはわかりにくいものです。「工夫」「健康」「安全」「努力」など，社会科授業で出てくる言葉は，多くが抽象的です。このような言葉で説明してわからせたつもりではなく，子どもが本当にわかっているかどうかは，子どもに自分の言葉で説明させることです。子どもが自分の言葉で言えたときに，単なる知識の寄せ集めではなく，深く学び理解したことになります。

◎子どもの質問に教師がすぐ答えてしまう学級になっていませんか？

　せっかく子どもが様々な「問い」や「疑問」をもっても，すぐに教師が答えてしまうと子どもは調べたり考えたりしなくなります。社会科では子どもが自ら調べ，考え，表現することによって考えを深めていくことが大切です。教師はすぐに答えは言わずに，解決のヒントを与えるように心がけましょう。

　　・○○を調べたら？
　　・○○へ行って調べたら？
　　・○○さんにインタビューしてきたら？
　　・○○さんがいい考えを書いていましたよ！　など

親切は
不親切
という
わけか

このような指導を工夫し，子どもの追究意欲が一段と高まっていくようにしましょう。

> 　良い社会科の授業をするためには，地域や社会のことに目が向く環境をつくり，対話的に学び，互いの考えを認め合い，主体的に問題解決する意欲を引き出し，子どもが自分の考えを言葉や文字で表現できるような温かい学級づくりをめざしましょう。

2　社会科の授業では何を学ばせればよいのですか？

ここがポイント

◎社会についての理解・能力・態度

　これを「公民としての資質・能力」または「公民的資質」と言います。つまり社会科は「平和で民主的な国家・社会の形成者に必要な市民・国民として必要とされる資質・能力の基礎」を身に付ける教科です。「資質・能力」とは，知識及び技能，思考力・判断力・表現力等，学びに向かう力・人間性等を指します。

　そのための学習方法として，社会科では「問題解決的な学習」のかたちをとりながら，内容的には「社会生活についての理解」を図ることをねらっています。ここでは断片的な知識ではなく，空間的・時間的・相互関係的な見方・考え方などを使って調べたり考えたり表現したりしながら社会を多角的に理解することです。

◎およそこんな配列になっています

　社会科は，平成元年より前の学習指導要領では1年生から6年生まであり，原則としては，自分の身の回りから順番に世界まで広がって学ぶことになっていました。これを「同心円的拡大」の理論と言います。また，時間的にも，1年：1年間の変化→2年：生まれてから今までの変化→3年：今と昔のおよそ100年間ぐらいの変化→4年：用水を事例に江戸時代以降400年ぐらいの変化→5年：伝統的な技術を伝えてきた時代の変化→6年：日本の歴史と次第に幅広い時代を扱う流れ，となっていました。ただし，現在の学習指導要領ではこのようなはっきりとした区分はしていません。

こんな子どうします？

◎社会科に興味・関心のわかない子

　自分の身の回りのことに興味・関心のもてない子はいないので，身近な地域や社会の出来事で疑問と思うことを問いかけさせましょう。

勇気を出して質問してみました

ある先生にこう言われました

そういう誤解している先生が多いのよね

◎「社会科は教科書を暗記させればいいんだよ！」

　暗記だけでは，社会に対する理解・能力・態度のすべては身に付きません。調べ，考え，表現しながら「社会生活についての理解」を深めていくことが大切です。

フレッシュ先生が陥りやすい「落とし穴」

◎「どのように社会科は変遷してきたのかわかりません」

初期社会科	昭和22年度版 昭和23年補説 昭和26年度版	個々の問題の解決を図っていく中で「社会生活についての理解」を深めていくというトピック学習的な手法をとる社会科。後に「はいまわる経験主義」と批判された。
系統主義が見直された時期の社会科	昭和30年度版 昭和33年告示	社会認識・地理的・歴史的内容に関する系統性が重視された時期の社会科。昭和33年から領域として「道徳」の時間が新設された。
高度経済成長期の社会科	昭和43年告示	高度経済成長期にあたり「公害」が社会問題化した。「公民」という概念が強調された。どの教科の時間数も多かった。
人間・環境重視の社会科	昭和52年告示	ゆとり教育が叫ばれ社会科の時間が大きく削減された。環境教育や人間尊重の視点が重視された。
低学年社会科廃止期の社会科	平成元年告示	低学年社会科が廃止され，「生活科」が誕生した。（高校は地歴科・公民科に分離）
教科再編期の社会科	平成10年告示	「総合的な学習の時間」が誕生した。社会科の時間数が戦後最低になった。
学力向上期の社会科	平成20年告示	学力低下への対策や言語活動，思考力・表現力などが重視され，戦後初めて社会科の時間数が微増した。
資質・能力重視の社会科	平成29年告示	小中高で一貫した資質・能力の育成を目指した。社会的な見方・考え方を活用して，主体的・対話的で深い学びが求められた。「道徳」が教科化された。

　社会科は問題解決の手法をとり，地域や我が国の国土及び歴史に対する理解や愛情を深め，公民としての資質・能力の基礎を培うことをねらいとしています。

3 社会科の授業づくりに必要なものは何ですか？

ここがポイント

◎もっと教科書や地図帳を使おう

　社会科の教科書と地図帳は，3年生から配付されます。また中学年では，特に地域のことを取り扱うため，多くの場合，区市や県から副読本や資料集が出されていて，それを中心に進めることが一般的です。地図帳には，歴史的に重要な出来事が起こった場所なども記載されているので6年生になっても使います。

いろいろな国があるんだね

　社会科の研究授業では，教科書，副読本等を使わない授業もかなり見られます。社会科は学習指導要領の目標や内容をきちんと押さえていれば，教材から創り出すことができる教科です。例えば，4年生の「わたしたちのくらしとごみ」について学習を進める際，取り扱う清掃工場は，自分たちの身近な地域の工場や自分たちのごみが持ち込まれる工場であり，必ずしも教科書で扱っている清掃工場ではありません。5年生で「日本の稲作」について取り扱う際にも，事例地が新潟県南魚沼市でも，山形県の庄内平野でもいいのです。大切なことは，事例を通して日本の農業について学ぶことです。

◎地図帳・地球儀と国語辞典は必要

　社会科では，教科書（副読本）・地図帳以外にも，国語辞典・地球儀などが必要です。また，学年や内容に応じて白地図，資料集，年表なども必要になります。できれば，教師が「国語辞典で調べましょう」と指示しなくても，わからない言葉が出てきたら子ども自身が調べる習慣をつけさせたいものです。

　また，メルカトル図法にばかりなれていると，本当の大陸や海洋，国の大きさ，距離感や方位，各々の国の位置関係などのイメージがかなり間違ってとらえられてしまいます。日常的に地球儀等で，学習に出てきた国や都市，地形などを調べる習慣をつけることが大切です。

こんな子どうします？

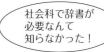

社会科で辞書が
必要なんて
知らなかった！

◎地図帳や辞書（国語辞典）をいつも忘れてくる子

　忘れないようにする工夫も必要ですが，発想を転換して家庭学習であまり使わないものは教室に置いておく方法もあります。また，教室に地図をはったり地図帳を図書室に常備しておくと，低学年の子どももふだんから興味・関心をもって見るようになります。

ある先生にこう言われました

◎「教科書の大切なところに赤線を引っぱって覚えさせればいいよ！」

　社会科は知識を暗記するだけではなく，問題解決的な学習を通して，社会的事象に興味・関心をもたせるとともに，資料を活用して思考力・判断力・表現力などを培いながら「社会生活についての理解」を深めさせるようにしなければなりません。

フレッシュ先生が陥りやすい「落とし穴」

◎「教科書や副読本がいろいろありすぎて，どれを使えばいいかわかりません」

主に使う教科用図書等の軽重の一般的な関係

主な図書	３年	４年	５年	６年
教科書	◇	◇	◎	◎
区・市副読本	◎	○		
県副読本		◎		
地図帳	◎	◎	◎	◎

◎主に使う教材として　　○補助教材として　　◇主に方法論を学ぶ教材として

　上記の表の教材やほかに白地図や資料集，年表等を適宜使うとともに，わかりやすい板書やノート指導に努めましょう。

◎「３年生担任ですが，うちの市では資料集しかないのですが？」

　その場合は，学習問題の立て方や学習方法，まとめ方などについて，教科書を使って指導し，扱う内容を区市町村の資料集の中身に差し替えましょう。

　社会科では，教科書・副読本・地図帳・白地図・地球儀・資料集・年表などをしっかりと使って指導する必要があります。社会科は難しい用語も出てくるので，国語辞典も不可欠です。

4 ▶ 社会科の教科書は どのように使えばよいのですか？

ここがポイント

◎ 社会科の教科書は，こう作られています

　社会科の教科書は，一般的には2ページつまり1見開きで1時間を想定されて作られています。また，小学校の社会科の教科書は，おおよそ「つかむ→調べる（・考える）→まとめる」という問題解決的な学習の流れを想定して作られています。

地図等	◎タイトル 中心資料 （写真・グラフ等）		作業例 活動例など	補助資料	学びのてびき（学び方）など
問い （めあて）	つかむ段階の記述 （ここが省略されている場合もある）		調べる（・考える）段階の内容の記述 まとめる段階や次時や発展への記述 （ここが省略されている場合もある）		用語解説
作業指示					次へつなげる疑問等

◎ 典型的な教科書の使い方

①教科書の中心資料を見せて，本時の問い（めあて）をつかむ。

②教科書の問い（めあて）を参考にしてみんなで問い（め
　あて）に対する予想を立てる。

③予想をもとに，補助資料や教科書以外の資料（資料集・
　地図帳など）も調べて，考えたり，話し合ったりする。
　用語でわからないことを辞書で適宜調べる。

④調べたことや考えたことを文章・絵・ふきだし・表などで整理する。

⑤わかったことと感想（自分の考え，意見など）をまとめる。

　注意したいのは，③の「調べる（・考える）」過程です。教科書は主たる教材なので，教科書だけではなく，他の資料も活用して調べましょう。

子どもにも
使い方が
わかったわ！

こんな子どうします？

◎物知りで知識をひけらかす子

　物知りを否定するのではなく，なぜそれがわかったのか，理由や根拠などを説明できるようにさせましょう。

ある先生にこう言われました

◎「教科書を読めばすべてわかってしまうので，考えさせる必要はないよ！」

　教科書は紙面の制約で，最低限必要な学習方法や活動の指示，基礎・基本となる内容，不可欠な資料などを中心にして記述しています。教科書も資料・情報の一つと考え，様々な資料を組み合わせて考えを深めたり，広げたりする必要があります。

フレッシュ先生が陥りやすい「落とし穴」

◎「教科書に赤線を引いて要点をノートにまとめる学習ではいけませんか？」

　社会科は暗記教科と誤解している教師がいます。教科書の内容を覚えるノートではなく，問題解決の過程に沿ったノートにしましょう。「つかむ」過程では問い（めあて）を書き，予想を書き，「調べる」では資料や辞書で調べたことや考えたことを書き，最後に「まとめ」と感想を書くという一連の流れを，ノート指導とともに行うと，教科書との連携がはかられ効果的です。

なぜか考えてみよう！

◎「3・4年生の教科書は使わなくてよいのですか？」

　3・4年生は地域の内容を扱うことが多いので，教科書ではなく副読本「わたしたちの○○市」「わたしたちの○○県」などを中心的に使うことも多くなります。しかし，学び方や調べ方，まとめ方などは，教科書のほうがわかりやすく記載されている場合が多いので，教科書を適宜使って効果的な学習が展開できるようにすることが大切です。

> 社会科の教科書は「つかむ→調べる（・考える）→まとめる」の学習過程に沿って記述されています。中心となる資料と補助資料とを効果的に使って，調べ，考え，表現させながら問題解決的な学習の流れをとらえさせましょう。

5　社会科で育てたい資質・能力とは何ですか？

ここがポイント

◎「問い」の追究を通して公民としての資質・能力を育てる

　社会科は，国家・社会の形成者としての公民としての資質・能力の基礎を培う教科です。「公民としての資質・能力」を砕いて言うと，国民・市民として生きていくことのできる理解，能力，態度と言えます。社会科では，「公民としての資質・能力」を「問題解決的な学習」を用いて身に付けさせます。

　なお，社会科で育てたい資質・能力とは，知識及び技能，思考力・判断力・表現力等，学びに向かう力・人間性等のすべてと言えます。

　資質・能力を確実に育てるためには，子どもが「問い」をもち，社会的事象を社会的な見方・考え方を使って主体的に調べたり，考えたり，表現したりして，その社会的意味や意義を深くとらえることが大切です。

友達の考えを聞き考えを深める

◎「問題解決的な学習」とは

　社会科では，小単元全体を「つかむ」→「しらべる」→「まとめる」の学習過程でとらえることが一般的です。そのあとに「広げる」「深める」をつけるなどいろいろなバリエーションもあります。1時間ごとについても，同じように「つかむ」→「しらべる」→「まとめる」の学習過程で行うと考えると指導しやすくなります。

　「見通す・考え合う（学び合う）・振り返る」などは，すべての段階で必要ですが，特に「つかむ」段階では，「予想」をたて「見通し」をもって問題に取り組ませましょう。「調べる」段階では，「考える・考え合う」場面を大切にしましょう。「まとめる」段階では，「内容」「方法（学び方）」「自分の考えの変容」について「振り返り」を確実に行いましょう。学習の流れを簡略な図で表すと次ページのようになります。

◎深い学びを通して資質・能力の確実な定着を目指す

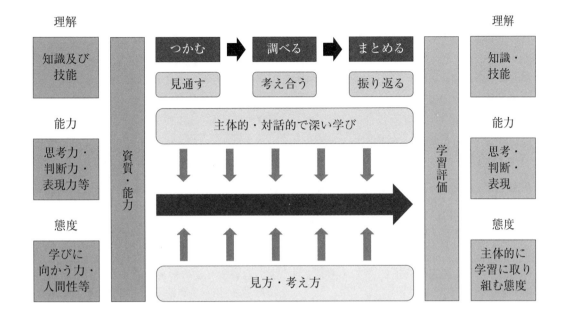

　ここで注意したいのは，「主体的・対話的で深い学び」や「見方・考え方」を育てること
が社会科の目的ではなく，「公民としての資質・能力の確実な定着」が目的です。いくら主
体的・対話的な学びをしても，それが単に用語や事項を暗記するだけの「浅い学び」では
不十分です。また，「社会的な見方・考え方」についても，社会的事象の意味や意義，特色
や相互の関連を考察したり，社会に見られる問題を把握して，その解決に向けて構想した
りする際の「視点や方法（考え方）」であるとされています。つまり，意味や意義，関連な
どについて考え，問題解決に向けて構想し，「深い学び」に迫る際の手立てと考えられてい
ます。このように，「社会的な見方・考え方」を活用して「主体的・対話的で深い学び」を
行い，社会科のめざす資質・能力の確実な定着につなげることが大切です。
　では「深い学び」とは，どんな学びでしょう。簡単に言うと，「断片的な知識や，一面的
な理解ではなく，自ら問いをもち，見方・考え方を活用して多面的・多角的に事象の意味
や意義，理由や根拠などを考え問題解決し，自分やみんなができることや，すべきことを
考えられるような学び」です。なお，学びに向かう力・人間性については「主体的に学習
に取り組む態度」を観点として評価し，「感性・思いやり」などについては，個人内評価と
して児童一人一人の良い点や可能性，進歩の状況について評価するものとしています。

◎浅い学びと深い学び

浅い学びに留まっている子どもの姿	深い学びに迫る教師の手立て
資料や実物を見ても「問い」が浮かばない	「問い」を引き出す教材や発問の工夫をしましょう
用語や事項は知っているが意味や意義, 原因や結果, 変化などが説明できない	見方・考え方を活用して意味や意義, 原因や結果, 変化などについて考えられるようにしましょう
資料のコピペは得意だが, 自分の言葉でまとめて表現できない	文字数を限定し再構成させるなど, 自分の言葉でまとめて表現できるようにしましょう
個々の事象は知っているが, 関連が説明できない	図や表などを用いて事象相互の関連について考えさせる発問や指導の工夫をしましょう
自分の考えは言えるが, 理由や根拠があいまい	自分がそう考えるに至った理由や根拠を考えさせましょう
一面的な自分の考えに終始し, 異なる考えを理解できない	別の資料や友達の考えを聞くなど自分とは異なる（多面的・多角的など）考えに触れる機会を作りましょう
社会の出来事は他人ごとで, 自分の社会への関わり方を選択・判断できない	主体的に「問い」の解決に向かわせ, 自分ごととして考える過程を大切にして, 選択・判断させましょう

　なお,「深い学び」は,「まとめ」「生かす」「深める」などの段階で行うものという考え方ではなく,「つかむ」「調べる」なども含めたすべての段階で, 深い学びを目指す指導上の工夫が必要です。

こんな子どうします？

知ってる知ってると友達に言われると, 手を挙げにくくなるよね。

◎すぐに「知ってる知ってる」と発言する子

　「知っている」と言っても言葉を聞いたことがあるという程度のことが多く, 本当に理解しているかは疑問です。自分の言葉で説明できるように指導しましょう。

ある先生にこう言われました

◎公民としての資質・能力は３年生から身に付けさせれば十分だよ！

　小学校では社会科は３年生から始まりますが, 公民としての資質・能力の基礎は, 生活科などの教科を通して, １年生から系統的, 継続的に身に付けていくことが望まれます。

フレッシュ先生が陥りやすい「落とし穴」

つかむ→調べる→まとめるが基本ね！

◎問題解決的な学習はどう進めればいいのですか？

①小単元での「**つかむ**」**段階**では，子ども一人一人に，問いや疑問をもたせるようにします。しかし，それだけでは学習問題にはなりません。子どもたちが問いや疑問を出し合い集約し，みんなで追究する価値のある問題にまで高めたときに，学習問題となります。学習問題を「つかむ」ことができたら，その答えを各自が「予想」するとともに，各時間で調べたり考えたりする「問い」をまとめて，指導計画を作成します。また問題を調べる方法（調べ方）についても考えさせ，問題解決の「見通し」をもたせましょう。

②「**調べる**」**段階**では，調べたり考えたり表現したりしながら追究を深めていきます。小単元全体や授業の中心部分を構成するものです。ここで大切なことは，文章・絵・写真・図などの資料や，これまでの自分の体験からつかんだものや，これまでの学習を通して身に付けたこと，教科書，副読本，資料集，本やインターネットなどで調べたことから考え合わせて，理由や根拠を明確にしながら学習を進めることが大切です。

③「**まとめる**」**段階**では，「つかむ」段階で作った学習問題に対する自分の考えを自分の言葉でまとめ，「振り返り」をします。学習した内容だけではなく，思ったことや，まだ解決されていないことの疑問や，学び方の反省も含めた「振り返り」にしましょう。自分の考えが，学習の始めとどう変わったかという軌跡を書かせることも大切です。

④さらに，「**広げる**」「**深める**」**などの段階**を設定する場合もあります。その場合には，社会への関わり方を考えさせたり選択・判断させたりします。具体的には，自分にもできることや，自分がすべきこと，みんなですべきことなどを考えさせます。つまり，よりよい社会について考え，学習したことを実際の社会生活に生かそうとすることが求められます。（問題解決学習の基本形は p.50 を参照）

　社会科は，問題解決的な学習を通して，公民としての資質・能力の基礎を培う教科です。資質・能力とは，知識及び技能，思考力・判断力・表現力等，学びに向かう力・人間性等を指します。

6 指導計画はどのように作ればよいのですか？

ここがポイント

◎単元全体のおおよその流れを示したものが指導計画

指導計画（学習指導計画）は，子どもに定着させたい学習活動や学習内容を指導する順に並べたものです。しかし，社会科の場合は問題解決的な学習過程をとるため，必ずしもその通り授業が流れるとは限りません。指導計画には，ねらい（目標）・主な学習活動・学習内容・配当時間数などを記します。

◎いろいろな指導計画があります

（1） 年間指導計画（社会科）

1年間の月別の単元配列や時間数を書き込んだものです。何月にどの単元を何時間行うかを記したものです。学校単位，学年単位で年度の初めまでに作成します。

（2） 単元指導計画

単元または小単元ごとに主な活動や内容と時数を示したものです。

①簡素化した指導計画

単元の主な活動や内容と時数を示したものです。

| ①給食の食材をもとにその産地を調べ学習問題を作る。(2) | → | ②南魚沼市の米づくりや自然を生かした農業について調べる。(10) | → | ③水産業が盛んな地域を中心に日本の漁業について調べる。(8) | → | ④これからの食糧生産について考え，わたしたちの食生活を見直す。(4) |

※（ ）内の数字は時数

②一般的な指導計画

第一次	食料の産地調べ	2時間
第二次	南魚沼市の米づくり 自然を生かした農業	10時間
第三次	水産業が盛んな地域 とる漁業 育てる漁業	8時間
第四次	これからの食糧生産	4時間

（※小単元名だけではなく，各々の小単元名の下に主な活動や内容を記したものもあります）

要するに単元の設計図だね！

③詳細な指導計画

　一般的には，学習指導案の中で書きます。p.22 〜 27 の「学習指導案ってどのように作ればよいのですか？」を参照しましょう。

（3）週の指導計画（週案）

　一日に担任が 5 〜 6 時間授業をする小学校の現場では，毎時間学習指導案を作るのは不可能です。そこで，研究授業以外は週の指導計画（週案）に本時のねらい，流れなど指導の要点だけを書いて指導しています。

社会	ハッピーロードと川越街道の様子の違いをとらえさせる ①ふりかえり ②写真の比較 ③ハッピーロードに人々が集まるわけ ④感想

（週案の記入例）

こんな子どうします？

◎指導計画の流れとは無関係な疑問を教師にぶつける子

　教師の立てた計画どおりではない問題や問い（疑問）をもつ子どもは，よく考えている子どもです。ぜひその問い（疑問）も取り上げながら柔軟に計画を進めたいものです。

フレッシュ先生が陥りやすい「落とし穴」

◎計画どおりに授業が進みません

　何もかも指導しようとすると計画は遅れがちです。指導内容を厳選しましょう。そのためには，本時のねらいを常に意識し，はずれないように指導しましょう。

◎どこに対話的な学びを位置付ければよいでしょうか

　「対話的な学び」は，子どもが友達と学び合いたいと思う意欲のあるとき，または教師が多面的・多角的な視点から子どもたちの意見を出させて考えさせたいときに設定します。教師の発問に対して答えが返ってこないときに苦し紛れに促す対話は，あまり効果的とはいえません。いきなり対話させても，考えのない子どもは対話に加われないので，自分の考えをもたせる時間を確保してから対話させる方が効果的です。なお，p.58 〜 61 でも示した通り，グループ学習だけが対話的な学びではありません。クラス全体で意見交流をしたりすることも「対話的な学び」になります。

　指導計画は，単元全体のおおよその流れを示したものです。形式には様々なものがありますが，指導計画は確定的なものではなく，子どもが学習問題を追究していく過程に合わせて修正されていくこともあります。

7　学習指導案ってどのように作ればよいのですか？

ここがポイント

◎学習指導案は授業の設計図

　授業の設計図が学習指導案です。社会科の学習指導案は問題解決的な指導が中心なので「つかむ→調べる→まとめる」という流れで書きます。

◎学習指導案で，配慮すべき点は何でしょうか

（1）　目標を明確にする……学習指導要領や教科書の指導書を参考にしますが，まる写しの目標だと地域や児童の実態と合わないこともあるので，あくまで学習指導要領に準拠し具体的な目標を立てたいものです。

（2）　学習内容を押さえる……子どもに定着させたい知識・技能や，考えさせたいことについて，教材構造図を作るなどして教師があらかじめ明確に把握しておきましょう。

（3）　学習方法についても工夫しましょう。学習形態は，個別かグループか，全体かなどについても長所・短所を考えて組み立てましょう。また，活動や体験を入れる場合は，特に時間配分も考えて計画を立てましょう。

◎学習指導案はどう書けばいいのでしょうか？

第3学年　社会科学習指導案

これが書けると
一人前だね！

　　　　　　　　　　　　　　日時　　令和○○年○月○日（水）
　　　　　　　　　　　　　　対象　　第3学年1組　32名
　　　　　　　　　　　　　　授業者　○　○　○　○

※学習指導案は一般的には常態「～である」「～する」などで書きます。

1　小単元名　　　「わたしたちの○○市のようす」（全17時間）

2　小単元の目標　　　※目標については，資質・能力別に書く書き方もあります。

　自分たちの住んでいる○○市について，○○県における位置，地形や土地利用，交通の様子，市役所など主な公共施設の場所と働き，古くから残る建造物の分布などに着目し，観察・調査したり地図など

の資料で調べたり白地図などにまとめたりして，身近な地域や自分たちの市の様子を大まかに理解し表現することができる。

3　観点別評価規準

知識・技能	思考・判断・表現	主体的に学習に取り組む態度
○○県における位置，地形や土地利用，交通の様子，市役所など主な公共施設の場所と働き，古くから残る建造物の分布などをもとに身近な地域や自分たちの市の様子を調べまとめている。	身近な地域や市の様子から問いを見つけ，分布の様子や場所による違いがあるわけについて考え，文章や白地図にまとめたり，話し合ったりして表現したりしている。	身近な地域や市の様子に関心をもち，問題解決の見通しを立てながら，主体的に問題を追究・解決しようとしている。

4　本小単元について

(1)　学習指導要領との関連　※学習指導要領に位置付いていることを明確に示します。
　　本単元は，以下の学習指導要領の内容をもとに構成した。

内容（1）
ア（ア）身近な地域や自分たちの市の様子を大まかに理解すること。
　　（イ）観察・調査したり地図などの資料を調べたりして，白地図にまとめること。
イ（ア）都道府県内における市の位置，市の地形や土地の利用，交通の広がり，市役所などの主な公共施設の場所と働き，古くから残る建造物の分布などに着目して，身近な地域や市の様子をと捉え，場所による違いを考え，表現すること。

　　　　　　　　　※学習指導要領では，「知識及び技能」「思考力・判断力・表現力等」に関する内容が示されています。

(2)　教材について　　　※前後の学習との関わりや教材の扱い方で工夫した点を明記します。
　　本単元では，生活科で行った「まちたんけん」の学習を生かし，身近な地域のたんけんから市の様子の大まかな理解まで広げることを意図している。そのために，駅や交通，学校や市役所などの公共施設，市の地形や店・田畑・工場などの土地利用，古くから残る建造物などの位置や分布を，東西南北や縮尺の学習をもとにして空間的にとらえ，地図記号などを利用して白地図に位置付けて考えられるようにする。時間数の関係から身近な地域は軽く扱い市の様子に力点を置いた指導をする。また，後で学習する「市の様子の移り変わり」との関連を意識し，交通や公共施設，土地利用や人口，古くから残る建造物の分布などについては，時間の経過に伴い，移り変わってきたことの理解につなげるようにする。

(3)　児童の実態について　　　※社会科一般の実態ではなく，本単元に関わる児童の実態を書きます。
　　本学級の児童は，生活科の学習で地域の店や公民館の人々などとは顔なじみである。また地域の様子への興味・関心もある。その良さを生かし，市全体の様子への興味・関心へとつなげる。

5　研究テーマとの関連　※校内，または研究会のテーマに即した実践であることを位置付けます。
　　研究テーマは「主体的・対話的で深い学びを目指す社会科教育」である。そのためには，児童に「問い」をもたせて，社会的事象の見方・考え方を働かせて主体的に問題追究をさせる。また，適宜学び合いの場面を設定し，対話的に学習を進め，社会的事象に関する理解だけではなく社会的意味に気付くことができるようにする。

6 教材構造図（例）

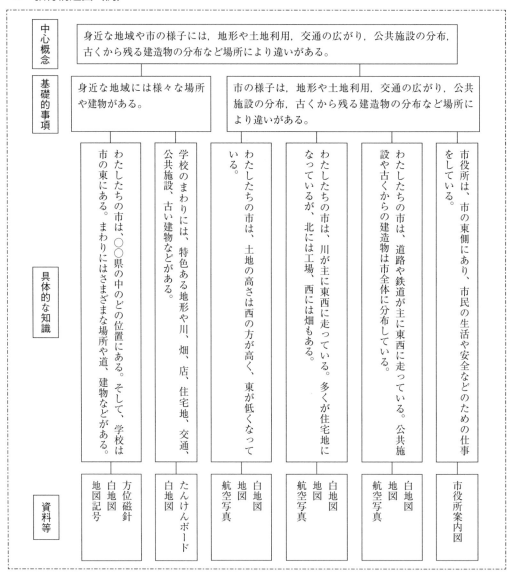

中心概念	身近な地域や市の様子には，地形や土地利用，交通の広がり，公共施設の分布，古くから残る建造物の分布など場所により違いがある。
基礎的事項	身近な地域には様々な場所や建物がある。　市の様子は，地形や土地利用，交通の広がり，公共施設の分布，古くから残る建造物の分布など場所により違いがある。

具体的な知識

わたしたちの市は，○○県の中のどの位置にある。そして，学校は市の東にある。まわりにはさまざまな場所や道，建物などがある。

学校のまわりには，特色ある地形や川，畑，店，住宅地，交通，公共施設，古い建物などがある。

わたしたちの市は，土地の高さは西の方が高く，東が低くなっている。

わたしたちの市は，川が主に東西に走っている。北には工場，西には畑もある。

わたしたちの市は，道路や鉄道が主に東西に走っている。多くが住宅地になっているが，公共施設や古くからの建造物は市全体に分布している。

市役所は，市の東側にあり，市民の生活や安全などのための仕事をしている。

資料等

方位磁針
白地図
地図記号

たんけんボード
白地図

航空写真
地図
白地図

航空写真
地図
白地図

航空写真
地図
白地図

市役所案内図

※「具体的な知識」は基礎的事項のもととなる基本的な事実や内容を示します。「資料等」は，地図，白地図，航空写真，年表，グラフ，絵などの資料そのものを示します。

◎「教材構造図」ってなんですか？

指導者がこの教材をどのような構成でとらえたかという全体構造を表したものです。上段から「中心概念」「基礎的事項」「具体的な知識」「資料等」などの順で示されます。「中心概念」では，この教材で子どもにつかませたいものを示します。「基礎的事項」では，中心概念を支える大切な事柄を示します。

7 指導計画（全17時間　本時16/17）

※上段の「児童の活動」「教師の指導・支援」の用語を書かない指導案も多いが，児童と教師の役割を明確にするために明示した　　　　　　　　　　↓　　　　　　　　　　　↓

過程	ねらい （数字は時数）	児童の活動 （○主な学習活動・児童の反応, 内容）	教師の指導・支援 （○留意点　□資料　◇評価　◆見方・考え方）
つかむ	①県内における市の位置と，市における学校の位置を四方位をもとにとらえる。 ※↑本時の指導のねらい	○グーグルマップで市や学校の位置を確認する。 ・県の真ん中，市の東にある。 ○方位磁針の使い方を知り，四方位をとらえる。 ○主な地図記号について調べる。	○グーグルマップや地図をもとにどんなことが示されているか調べさせる。 □白地図　□方位磁針　□G.M. ◇地図に示されているものや地図記号をとらえている。【知・技】
つかむ	②学校のまわりの様子について，地図や屋上から眺めて，その大よそをとらえる。	○屋上から学校まわりの様子を眺め，周囲にあるものをとらえる。 ・方位ごとに土地の様子が違う。 ○市の地図をもとに学校のまわりの様子をとらえる。	□地図　□白地図　□G.M. ○自分の市や自分の学校の位置を面的にイメージさせる。 ◆拡大・縮小して空間的にとらえさせる。 ※↑ICTの活用
つかむ	③市の様子について関心をもって学習問題を見出し，学習の見通しをもつ。	○市の様子について調べる内容や方法を話し合う。 〔調べる内容〕 ・地形（高低，広がり） ・土地の使われ方（住宅，商店等） ・主な公共施設 ・交通の様子（道路の幅や交通量） ・古くから残る建造物 〔調べる方法〕 ・観察，探検　副読本等	○探検に行ける場所や，地図や副読本で調べさせるところなどを具体的に検討させる。 ◆内容を分類して板書する。 ◇身近な地域について調べる対象や視点を明確にして，学習問題や学習計画を立てている。【思・判・表】 ○予想を立ててから調べさせる。 ※↓これが学習問題

学習問題	わたしたちの○○市はどのような様子なのだろう。

過程	ねらい	児童の活動	教師の指導・支援
調べる・考える	④⑤計画に沿って学校のまわりについて調べる。	学校のまわりを探検する。 ○学校から駅までの道などを歩き，見つけたり不思議に思ったりしたことを白地図にまとめる。 ・バスがたくさん通っていたよ。 ・駅前の道路は，広かったよ。	□校市の白地図　□方位磁針 ○探検してわかったことを白地図に記入させる。 ◆どこを歩いているのかを明らかにさせるために，目印となる施設や交差点，向かっている方位を空間的に確認させる。 ○時数の関係から短時間で行う。
調べる・考える	⑨⑩⑪市の地形や土地利用，交通について調べる。	○市の様子について調べる。 ・川が3本流れている。 ・西が高くて，東が低い土地だ。 ・○○街道沿いはビルや建物が多い。 ・○○線が東西に走っている。	□市の立体模型　□土地利用図 ○東西の交通は便利だが，南北はバスしかないことに気付かせる。 ◆地図を調べ大きな道の両側にはビルや建物が多いことに気付かせる。
調べる・考える	⑫市内の公共施設の分布について調べる。	○市の公共施設について調べる。 ・市役所は市の東にある。 ・公民館が東西南北と真ん中にある。 ・市民ホールは駅前にあるのは人が集まるのに便利だから。	○分布の特色をとらえさせ，そのように分布しているわけも考えさせる。 ◇公共施設は誰でも利用しやすいように分布している。【思・判・表】

I　基礎・基本　25

	⑬市内にある古くから残る建物の分布について調べる。	○市内の古くからある建物で知っているものについて発表する。 ・神社や寺院，史跡などについて調べて白地図に書き込む。	□白地図　□史跡の写真 ○地域の探検で見つけたものや見たことがあるものも書き込ませる。 ◆昔の写真と比較させ，ほとんど変わっていないことに気付かせる。
	⑭⑮⑯市役所の場所と働きについて調べる。 ※**本時はここをやりますと示す↓** 【⑯本時】	○市役所を見学して，市役所の人に質問して市役所の役割についてまとめる。 ・市のことは市役所で決める。 ・外国人やお年寄り，赤ちゃんもきている。	○市の様子の学習で残った疑問についてもインタビューさせる。 ◇市役所の様子や働きについて，進んで質問したり，メモをしたりしようとしている。【態度】
まとめる	⑰市の様子について自分の考えをまとめる。	○グループごとに，探検してわかったことや発見したことを大きな絵地図に書き入れ，まとめる。	□市の地図　□自分のノート ◇学習問題の答えを自分の言葉で表現することができる。【思・判・表】

※３観点のどれに当たるか【　】に記入する↑

8　本時の指導（16/17）

（1）　ねらい

　市役所を見学したことをもとにして，市内の中での位置や働きについてとらえることができる。

（2）　展　開　　※↓子どもの活動なので「～する」で書く　　※↓教師の指導なので「～させる」で書く

時間	児童の活動 （○主な学習活動・児童の反応，内容）	教師の指導，支援 （○留意点　□資料　◆見方・考え方　◇評価（評価方法）
つかむ 5	1.　市役所の位置について確認する。 ・広い道路に面していた。 ・市役所はわたしたちの学区域のとなりにある。 ・市全体から見ると東にある。	○兄弟姉妹が入学する時に手続きに行ったなどの利用体験を思い起こさせる。 ※↑自分の体験や，前時の市役所見学を想起させる ◆市の中での位置を地図で確認させる。 ※↓子どもと教師が共に「問い」に向けて授業する
	<div align="center">市役所はわたしたちとどのような関係があるのだろう。</div>	
調べる・考える 30	2.　市役所に行って聞いてきたことを発表し合う。 ・市役所は市民の安全や生活を守る仕事をしている。 ・学校を作ったり，子どもたちが安心して学校にいけるようにしている。 ・地震の時には，避難場所を作ったり，どうすればいいか市民に知らせたりしている。 3.　災害の時などに市役所がいろいろなことを決めているのはなぜか理由を考え，発表する。 ・勝手にみんなが行動するとパニックになるから。 ・市民に情報を知らせる防災無線が市役所にあるから。	□市内地図　□市役所のはたらきパンフレット □写真　　※↑使用する資料・教材 ○聞いてきたことをまとめて自分の言葉で発言できるようにさせる。 ○人ややっている仕事にも着目させる。 ◆市民と市役所の相互関係を考えさせる。 ○前時では，市の様子の学習で残った疑問についてもインタビューしてきたことを思い出させる。 ◆東日本大震災の時の様子を過去にさかのぼって調べさせる。 ※↑見方・考え方を働かせるための視点 ○各自で考えたあと，友達と意見を交換させる。 ○全体で発表し合わせる。

	4. 本時のまとめを書く。	○本時でわかったことや気付いたことを書かせる。
ま と め る 10	市役所は市の東にあり，市民の生活，教育，福祉，安全などの仕事をしている。	
	※↑まとめで児童の記述例を書く ※←数字は「分」を示す ※適宜，学び方や考えの変容についても書く	◇市役所は，わたしたちの生活，安全，教育などにかかわる仕事をしている。【思・判・表】（ノート・発言）※←評価観点と評価方法について示す

(3)　板書計画

※↓本時の「問い」

市役所はわたしたちと どのような関係があるのだろう。	・市民の生活を支える ・市民に情報を知らせる ・市民の安全を守る ・子どもの教育を行う
○市役所……市の東にある ○安全や生活を守る仕事をしている	市役所は市の東にあり，市民の生活，教育，福祉，安全などの仕事をしている

こんな子どうします？

◎学習の流れを後押ししてくれる子

　教師の指導の意図を理解している子です。ほめて問題追究のモデルとしましょう。

ある先生にこう言われました

◎「指導案は教師用指導書を写せばいいよ！」

　初任者の頃はともかく，できれば子どもの実態や取り扱う教材に合わせて指導の流れの順や時間配分を工夫したりしたいものです。

フレッシュ先生が陥りやすい「落とし穴」

◎「指導案を見ながら授業してはいけないのですか」

　そんなことはありません。むしろ，絶対に言わなくてはならない発問や，忘れてはならない教材などはチェックしながら授業を進めても問題はありません。

　学習指導案は授業の設計図であり授業展開を示すものです。本時のねらい，展開，評価について明示します。あくまで指導の案なので，実際の児童の興味・関心・追究の方向を見定めて弾力的に取り扱うことが大切です。

社会科の学年別の主な内容は，どのようになっていますか？

ここがポイント

◎単元のおおよそはどうなっていますか

　平成29年告示の学習指導要領では，おおよそ次のような単元と配当時間になっています。なお，小学校では，中学校のように地理，歴史，公民とはっきりと内容を分けられないため関連して指導します。（p.30～p.31の見開き参照）

3年生（70時間）

わたしたちの○○市のようす（17）	○○市で働く人（生産や販売）（20）	○○市の安全を守る働き（15）	○○市のようすのうつりかわり（18）

4年生（90時間）

わたしたちの○○県（8）	健康や生活環境を支える事業（20）	自然災害から人々を守る（12）	伝統や文化・先人の働き（20）	県内の特色ある地域（30）

5年生（100時間）

わたしたちの国土とくらし（22）	わが国の食糧生産（22）	わが国の工業生産（20）	わが国の産業と情報（16）	国土の自然と共に生きる（20）

6年生（105時間）

わが国の政治の働き（18）	わが国の歴史（71）	グローバル化する世界と日本の役割（16）

　学習内容を簡単に言うと，3年生は「市」，4年生は「県」，5年生は「国」，6年生は「政治・歴史・世界と日本」となります。学習指導要領では，市・県・国ともに，まず概観を見てから個別のテーマに入っていくという流れをとっています。

　例えば，3年生は，第1単元で，都道府県における市の位置と概観をとらえ，地形や土地利用，交通の広がり，市役所などの公共施設の場所と働き，古くから残る建造物の分布など空間的にとらえます。第2単元で，市で働く人，第3単元で，安全を守る働きを学びます。そして第4単元で，市のうつりかわりを，第1単元と比較しながら交通や公共施設，土地利用や人口，生活の道具の変化などを時間的にとらえることになります。

　4年生は，第1単元で，国土における都道府県の位置と概観をとらえます。第2単元で，

人々の健康や生活環境を支える事業，第3単元で，自然災害から人々を守る活動，第4単元で，県内の伝統や文化，先人の働きについて学びます。第5単元で，県内で特色ある地域の様子について学びます。

5年生は，第1単元で，世界における我が国の国土の位置と様子や，地形や気候の概要をとらえます。第2～4単元で，食糧生産，工業生産，産業と情報との関わりについて学びます。第5単元で，国土の自然環境と国民生活との関連について学びます。

6年生は，第1単元で，日本国憲法を学んでから国や地方の政治について学びます。第2単元で，人物・文化財を中心として日本の歴史について学びます。第3単元で，グローバル化する世界と日本の関係について学びます。

こんな子どうします？

◎ 社会科は教科書に赤線引いて暗記すればいいと思っている子

社会科は，考える教科です。意味もわからずに暗記しても理解したことにはなりません。あくまで学習の問題を追究・解決することに意味があります。

ある先生にこう言われました

◎ 「社会科は3年にも5年にも農家が出てくるなど重複が多いね」

3年は，あくまで市の農家の例として仕事の工夫や努力を調べさせます。5年は，日本の農業の一事例として学び，国民の食糧を確保するための生産や輸送の工夫を調べさせることがねらいです。

フレッシュ先生が陥りやすい「落とし穴」

◎ 教科書の内容を読んで，まとめるだけの学習ではだめですか？

社会科では文章だけではなく，資料をもとに調べたり，考えたりします。例えば，農家の人の工夫や努力をとらえさせるとしても，文を読んで心情的にとらえさせるだけではなく，裏付けとなる資料や，実際に働いている場面の写真や，作物カレンダーなどを調べ考えながら表現させ，最終的に資質・能力が身に付くように指導します。

> 社会科は，市，県，国，政治・歴史・世界と日本，という内容を，様々な資料を用いて調べ，考えさせ，表現させていく内容になっています。

小・中学校社会科における内容の枠組みと対象のイメージ

枠組み		地理的環境と人々の生活		現代社会	
対象		地域	日本	世界	経済・産業
小学校	3年	(1) 身近な地域や市の様子　イ(ア)「仕事の種類や産地の分布」			(2) 地域に見られる生産や販売の仕事
小学校	4年	(1) 県の様子　(5) 県内の特色ある地域の様子	ア(ア)「47都道府県の名称と位置」		(2) 人々の健康や生活環境を　内容の取扱い (3)イ「開発, 産業などの事例(選択)」
小学校	5年		(1) 我が国の国土の様子と国民生活　イ(ア)「生産物の種類や分布」　イ(ア)「工業の盛んな地域の分布」　(5) 我が国の国土の自然環境と国民生活との関連	イ(ア)「世界の大陸と主な海洋, 世界の主な国々」	ア(イ)「自然環境に適応して生活していること」　(2) 我が国の農業や水産業における食料生産　(3) 我が国の工業生産　(4) 我が国の情報と産業との関わり　(5) 我が国の国土の自然環境と
小学校	6年			イ(ア)「外国の人々の生活の様子」	
中学校	地理的分野	C (1) 地域調査の手法　C (4) 地域の在り方	A (1)② 日本の地域構成　C (2) 日本の地域的特色と地域区分　C (3) 日本の諸地域	A (1)① 世界の地域構成　B (1) 世界各地の人々の生活と環境　B (2) 世界の諸地域	③ 資源・エネルギーと産業　③ 産業を中核とした考察の仕方
中学校	歴史的分野				
中学校	公民的分野		(1)「少子高齢化」	(1)「情報化, グローバル化」	A (1) 私たちが生きる現代社会　A (2)現代社会を捉える枠組み　B 私たちと経済　(1) 市場の働きと経済　(2) 国民の生活と政府の役割

の仕組みや働きと人々の生活		歴史と人々の生活		
政　治	国際関係	地　域	日　本	世　界
イ(ア)「市役所などの公共施設の場所と働き」 (3) 地域の安全を守る働き	内容の取扱い (4)ウ「国際化」 イ(イ)「外国との関わり」	(4) 市の様子の移り変わり		
支える事業 (3) 自然災害から人々を守る活動		内容の取扱い (1) イ「公衆衛生の向上」 イ「過去に発生した地域の自然災害」 (4) 県内の伝統や文化、先人の働き		
内容の取扱い (4) ア「国際交流に取り組む地域」	内容の取扱い (4)ア「地場産業、伝統的な文化 (選択)」			
	イ(ア)「輸入など外国との関わり」 イ(ウ)「貿易や運輸」		イ(ア)「生産量の変化」 イ(イ)「技術の向上」 イ(ア)「工業製品の改良」 イ(イ)「情報を生かして発展する産業」	
国民生活との関連 (1) 我が国の政治の働き イ(イ)「我が国の国際協力」	(3) グローバル化する世界と日本の役割		(2) 我が国の歴史上の主な事象	ア(サ)「国際社会での重要な役割」 内容の取扱い (2) オ「当時の世界との関わり」
	州という地域の広がりや地域内の結び付き ④ 交通・通信	地域の変容	地域の伝統や歴史的な背景を踏まえた視点	
(1)「ギリシャ・ローマの文明」 (1)「市民革命」、「立憲国家の成立と議会政治」、「国民の政治的自覚の高まり」 (2)「我が国の民主化と再建の過程」		A　歴史との対話 ② 身近な地域の歴史 B　近世までの日本とアジア (1) 古代までの日本 (2) 中世の日本 (3) 近世の日本 C　近現代の日本と世界 (1) 近代の日本と世界 (2) 現代の日本と世界		(1)(ア) 世界の古代文明や宗教の起こり (2)(ア) 武家政治の成立とユーラシアの交流 (3) 世界の動きと統一事業 (1)(ア) 欧米諸国における近代社会の成立とアジア諸国の動き (2)(ア) 日本の民主化と冷戦下の国際社会　　　など
と文化の特色		(1)「文化の継承と創造の意義」		
C　私たちと政治 (1) 人間の尊重と日本国憲法の基本的原則 (2) 民主政治と政治参加	D　私たちと国際社会の諸課題 (1) 世界平和と人類の福祉の増大			
D (2) よりよい社会を目指して				

（『小学校学習指導要領（平成 29 年告示）解説　社会編』より）

9 地域教材は どのように発掘すればよいのですか？

ここがポイント

◎地域教材とは

　特に中学年の社会科では，子どもたちの生活している身近な地域や市区町村，都道府県をベースに学習するために，教科書の活用だけでは不十分です。そのため，地域の事象を扱う副読本が作られています。子どもにとってより身近な教材を，地域から集めることが大切です。

◎子どもが身近に感じる教材

　①地理的身近さ＝子どもたちが住んでいるまちの近くにある事象

　②時間的身近さ＝子どもたちの記憶に残っている，最近起こった事象

　③心理的身近さ＝子どもたちが見たり聞いたり行ったりしたことがあり愛着のある事象

◎地域素材を教材化する

　地域にある社会的事象なら何でも地域教材になるというわけではありません。学習指導要領で取り扱う内容に沿ったものでないと，いくら身近にあるものでも社会科の教材とはなりません。たくさんある地域の素材を，学習のねらいや内容に沿って活用できるようにすると地域教材となります。地域の店，工場，農家，文化財，ごみ，水道，消防，警察，公共施設などについてあらかじめ調べ，教材となりうるか吟味しましょう。

　①学習指導要領の目標・内容などに沿ったものか。

　②地域に根ざした仕事や活動をしているものか。

　③そこで働く人や説明してくれる人が，生き生きと仕事や活動をしているか。

　④地域を代表している典型例となりうるものか。

　⑤子どもが観察・調査・見学できるものか。

子どもの追究意欲が持続する地域教材がいいね

こんな子どうします？

◎すぐに地域の人々のところへ聞きに行こうとする子

　ぜひこのような子どもの意欲をつぶさないようにしましょう。そして調べてきたことを

みんなの前で報告させる機会をつくりましょう。

ある先生にこう言われました

◎「地域教材は副読本にのっている事例をやればいいよ！」

　それだけですと，資料中心の学習になってしまいます。せっかく地域教材は直接調べられる良さをもっているのですから，副読本だけではなく，直接地域へ出て行って調べたり聞き取ったりする活動を大切にしましょう。

フレッシュ先生が陥りやすい「落とし穴」

◎「地域教材を調べたら，教えることが多くなって時間内に終わりません…」

　地域教材を調べていくと，扱いたい内容が膨大になり，子どもにあれもこれも教えたくなる傾向があります。しかし，時間も限られており，教師の話を聞く学習では地域教材本来の良さが失われてしまいます。あくまで，本単元のねらいに合わせて，必要な内容や活動を厳選しましょう。大切なのは地域教材に関する知識を身に付けることではなく，地域教材に対する子どもたちの追究意欲を引き出し，進んで地域のことを調べて，地域に対する愛情を深められる子どもを育てることです。そのためには，子どもにあらかじめ「問い」をもたせて調べに行くことが大切です。

◎「話を聞かせてもらった人の考えがすべてになってしまいました…」

　地域教材の中には，地域人材も含まれます。その場合，地域の人の思いや願いを代表しているような人の話ならよいのですが，時には偏った考えや，店や会社の宣伝になってしまう場合もあります。そうならないためには，まず話を聞きに行ったり，お招きしたりする地域の方を選択し，あらかじめ学習のねらいを知らせておく必要があります。それでも不適切な言動や偏った考えがある

地域に伝わるお囃子です

場合は，教師が制止したり訂正したりします。あくまで地域人材はねらいに即して選定されるべきもので，協力してくだされればだれでもよいわけではありません。

　地域の中にある素材や人物の中から，学習指導要領で取り扱うねらいや内容に沿ったものを教師が厳選して，子どもたちの教材としましょう。

---

10 地理的内容はどのように扱い, どう指導すればよいのですか？

ここがポイント

◎ 地理的な学習のおおよその流れ

　小学校の社会科では，地理・歴史・公民という区分はしませんが「地理的環境と人々の生活」(空間認識)の学習の流れは次のようになっています。低学年の生活科では，主として学校の周りや近所について学習します。社会科の3年生では区市町村，4年生では都道府県について

地図を描くのはおもしろいな

学びます。5年生では，我が国の国土と産業に関する学習を学び，6年生では，我が国とつながりの深い国の人々の生活の様子について学びます。つまり，学区域（身近な地域）→区市町村→都道府県→国→世界という流れになります。

こんな子どうします？

◎ 地図が描けない子

　低学年の子どもが描く地図は出発点と終点を結んだルートマップです。いわゆる地図が描けるようにするためには，方位，縮尺，地図記号などを理解させる必要があります。そうでないと地図を渡されても読み取れませんし，描くこともできません。

ある先生にこう言われました

◎ 「6年生には地図帳はいらないよ！」

　地図帳には主な歴史上の事件が起こった場所や，代表的な文化遺産のある場所，政治的な事件が起こった場所なども記されています。さらに歴史地図に代表されるように昔の様子を表した地図もあり，歴史的学習でも地図帳は欠かせないものです。

また，3年生では学区域や，区市町村の地域の地図も併用したいものです。

フレッシュ先生が陥りやすい「落とし穴」

◎各学年で押さえるべきことは何でしょう？

　3年生では，都道府県における区市町村の位置を地図などで確認し，四方位を確認し，地図記号の必要性をとらえさせます。そして，土地の高低や地形，田畑の広がり，住宅や商店，工場の分布などの土地利用の様子，交通の広がり，市役所などの公共施設の場所と働き，古くから残る建造物の分布などをとらえ白地図などにまとめることを通して，身近な地域や市の様子をとらえさせます。また，このような区市町村の学習の中で，適宜，第3学年から配付される地図帳や鳥瞰図や立体地図，航空写真なども活用し無理なく市全体の様子をとらえられるようにします。

　4年生では，都道府県の位置や地形，主な産業の分布など地理的環境の概要及び47都道府県の名称と位置についてとらえさせます。八方位や縮尺，等高線などについても押さえられるようにします。また，都道府県で発生した過去の自然災害について，地図なども活用してまとめ，自然災害に対する備えについても学びます。さらに，都道府県内の特色ある地域の位置や自然環境，人々の活動や産業，地場産業が盛んな地域，自然環境や伝統的な文化を保護・活用している地域，国際交流に取り組んでいる地域などを取り上げ，白地図にまとめるなどします。また，我が国や外国には国旗があり，尊重することが大切であることをとらえさせます。

　5年生では，世界の主な大陸と海洋，主な国の位置と名称，我が国の位置と領土，国旗などについて学びながら地図帳や地球儀の使い方も習得させます。さらに我が国の産業や国土の環境などの学習にあたり事例として取り上げた地域や，それぞれの産業の広がりや人や物，情報などを通して他地域や外国との関連について，分布図，関連図などを使って調べたりまとめたりすることができるようにします。

　6年生では，歴史上の主な人物が活躍した場所や出来事の起こった場所，優れた文化遺産のある位置を地図帳で調べます。また，歴史的な変化を表す地図や政治や国際理解に関してかかわりのある国についても地図帳や地球儀で確認します。

　小学校社会科では，地理的内容については，身近な地域・市区町村→都道府県→日本→世界という流れになっています。その中で地図・白地図・地図帳・地球儀などを活用しながら地理的（空間的）な資質・能力を育てます。

地図帳や地球儀は どのように活用したらよいのですか？

ここがポイント

◎子どもは，地図をどのように描いて「空間」をとらえられるようになるか

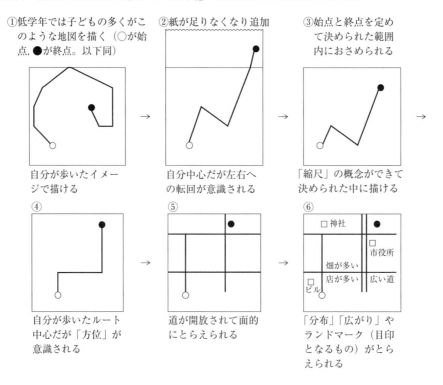

①低学年では子どもの多くがこ
　のような地図を描く（○が始
　点，●が終点。以下同）

自分が歩いたイメー
ジで描ける

②紙が足りなくなり追加

自分中心だが左右へ
の転回が意識される

③始点と終点を定め
　て決められた範囲
　内におさめられる

「縮尺」の概念ができて
決められた中に描ける

④

自分が歩いたルート
中心だが「方位」が
意識される

⑤

道が開放されて面的
にとらえられる

⑥ □神社　　　●
　　　　　　　□市役所
　　畑が多い
　　店が多い　広い道
　□
　ビル

「分布」「広がり」や
ランドマーク（目印
となるもの）がとら
えられる

　個人差はありますが，一般的には，①〜③は低学年，④〜⑥は中・高学年のとらえ方です。いきなり３年生で白地図に⑥のように描かせようとしても，子どもが空間をイメージするのは難しいものです。地図帳は３年生から配付され，すべての学年で使用します。

こんな子どうします？

◎方位がとらえられない子
　地図を床に置いて教室の方位と合わせるとわかりやすくなります。

ある先生にこう言われました

◎「低学年には地図は必要ないよ」

　床地図，砂地図，絵地図などを使って，ある点から点までのルートマップを描かせるなど空間的にとらえられるようにしたいものです。

地図帳に興味を示す1年生

フレッシュ先生が陥りやすい「落とし穴」

地図を使うと
空想旅行ができて
楽しい！

◎地球儀はどう使えばいいでしょう？

　地球儀は，実際の地形や海の形をほぼ正確に表しています。

①地形（地勢）か国（行政）か，何を表したものかを調べる

②縮尺や方位を調べる

③地球儀からわかる特色を調べる（主な国の名称と位置・国境・大陸・海洋，地形や国の形，位置関係，距離関係　など）

小さな地球儀を手元に置き調べる

◎描図の段取りはどうすればいいですか？

①北を上に描くことをおさえる。

②四方位と方位記号をとらえる。

③高い所から東西南北を俯瞰する。

④東西南北を歩いて土地の使われ方を白地図や絵地図に表す。

⑤おもな地図記号をとらえる。

⑥市内の特色ある地域を地図や写真で調べる。

◎空間的な物の見方・考え方とは何ですか？

　社会に見られる課題を把握して，その解決に向けて問題解決する時の追究の視点の一つとして，空間的に見る視点，つまり「分布」「地域」「範囲」などのほか，「位置」「地形」「環境」「自然条件」「社会条件」などが考えられます。

　地図・地図帳・地球儀などは，いつも教室に置いておき，使うべきものです。社会科では3年生から地図の学習が出てきて，東西南北とその様子や土地利用，方位や地図記号，方位記号，縮尺，等高線などをとらえさせていきます。

12　歴史的内容はどのように扱い，どう指導すればよいのですか？

ここがポイント

◎歴史的な学習のおおよその流れ

　「歴史と人々の生活」（時間認識）の学習については，まず低学年の生活科で身近な自然を観察したり季節や地域の行事にかかわる活動を行い，四季の変化や季節により生活の様子が変わること，自分自身の成長を振り返り，できるようになったこと，役割が増えたことなどをとらえさせます。

　社会科では，3年生で，市の様子の移り変わりを学習する中で，交通や公共施設，土地利用や人口，生活の道具などが変化した時期に着目して，市の様子の変化についてとらえさせます。4年生では，県内の文化財や年中行事は地域の人々が受け継いできたことや，それらは地域の発展など人々の様々な願いが込められていること，地域の発展に尽くした先人は様々な苦心や努力により当時の生活の向上に貢献したことを理解させます。

　6年生では，我が国の発展に大きな働きをした先人の業績や優れた文化遺産を中心とした歴史について扱います。また，全学年を通して博物館や郷土資料館等の施設の活用を図ったり，遺跡や文化財の見学や調査活動を行ったりします。

◎各学年で扱う年の幅

　現在の学習指導要領では，それぞれの学年でどれほどの年の幅で昔について扱うかの規定はありません。しかし低学年に社会科があったころの学習指導要領では，低学年では1年間および小さいころから今まで，3年生ではおよそ明治時代以降，4年生ではおよそ江戸時代以降，6年生では日本の歴史の流れに従い数千年という幅で扱う単元がありました。つまり地理的内容と同じく，短い期間から次第に長い期間へと広がりをもって子どもたちの時間認識を広げていったのです。

こんな子どうします？

◎年表が書けない子

　子どもに突然年表を書きなさいと言っても，ただ本の年表を写しているだけです。年表

で世の中の変化をイメージできるためには,「昔」にはいろいろな「昔」があり常に変化しているということ, つまり歴史を流れでとらえられないと無理です。

ある先生にこう言われました

子どもは
昔のことを
調べるのが
大好きよ！

◎「歴史は6年生でやれば十分だよ！」

　子どもたちの時間認識は, 突然身に付くものではありません。変化の視点で物事を見る学習を, 低学年の生活科から積み上げていかないとかなり難しいものです。

フレッシュ先生が陥りやすい「落とし穴」

◎「昔」と言っても子どもにはピンとこないようです

　低学年の子どもにとっては,「恐竜がいた昔」も,「武士のころの昔」も,「おばあちゃんのころの昔」もすべて「昔」でひとまとまりでとらえがちです。そこで3年生では, 市の移り変わりを中心にして昭和, 平成, 令和などの時代の区分についてとりあげるなど, 一口に「昔」と言ってもいろいろな「昔」があることをとらえさせます。

昔の暮らしを体験しよう

◎「中学校の歴史を簡単にしたものを, 6年生でやればよいのでしょうか？」

　中学校で学ぶ通史を簡単にしたものを小学校で学習するのではありません。6年生の歴史学習は簡単に言えば, 42人の人物などを中心に取り上げ, 人物と文化財を中心に各々の時代のイメージを描けるように問題解決的な学習を通してとらえさせることです。

　つまり人物と文化財を中心に「だんご」のように主な出来事をとらえ, それを「くし」でつなぐような歴史です。そのため,「聖武天皇と大仏」「頼朝と鎌倉幕府」のように象徴的な人物や文化財に焦点をあてて学びます。

> 　小学校の社会科では, 歴史的内容については, 生活科も含めて, ばくぜんととらえた昔
> →いろいろな昔→人物や文化財を中心とした歴史の流れとつながっていきます。人物と文化財を中心に, 問題解決的な学習を通して, 各々の時代のイメージを描けるようにすることです。

13 年表からどんなことを読み取らせればよいのですか？

ここがポイント

◎子どもは，どのように「時間」をとらえられるようになるか

①ばくぜんとした昔
↓
②個々ばらばらな昔
（独自の時間の感覚）
↓
③共通ないろいろな昔
↓
④順序で表せる昔（年表）

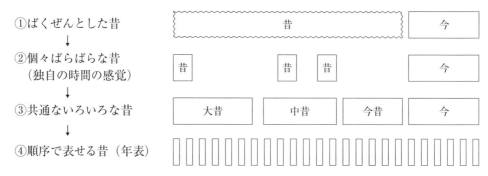

　個人差はありますが，一般的には，①②が生活科，③④は社会科のとらえ方です。いきなり3年生で④のような年表を書かせたり，読み取らせようとしても，子どもが時間軸をイメージするのは難しいです。なお，②は，子どもにより個々に違う昔と今です。③は，明治，大正，昭和，平成，令和や，おばあさんが子どもの頃，お母さんが子どもの頃，今などという分け方もそれに該当します。

◎年表と地図

　時間軸とは「変化」の視点であり，目に見えやすいように表現したものが「年表」です。空間軸とは「広がり」の視点であり，目に見えやすいように表現したものが「地図・地球儀」です。

年表は過去へワープできるタイムマシンよ！

こんな子どうします？

◎教科書の順に歴史上の出来事が起こったのではないの？

　教科書では必ずしも物事が起こった順番に記述されているとは限りません。年表を見ながら出来事をとらえないと，原因と結果が逆転したように誤認されたり，様々な出来事が

ばらばらに子どもに把握されたりすることが起こります。

◎「子どもに年表を写させれば変化がわかるよ！」

　変化の順序はわかりますが，その出来事の意味や，起こったわけや背景がわからないと本当に理解したことにはなりません。また，出来事と出来事との関係や，起こった場所もあわせてイメージできないと，本当の理解には結びつきません。

◎年表はどう読み取らせればよいのですか？

　普通，年表は左から右へ，または上から下へ，昔から今へと書かれています。

　これに対して，今から何年前と書かれているのが遡及年表です。子どもは今から昔へと学習していく方がわかりやすいという考え方もあります。

　しかし，年表に慣れてくると古いものから順に見ていく方が理解しやすくなります。いつも目にふれる所に年表を掲示したり，子どもの手元に置いたりすることが大切です。

　①年表のタイトルから何を表した年表か調べる。

　②左右のどちらが新旧で，どのように分けられているか調べる（時代・年刻み）。

　③等尺年表（年の間隔が同じ年表）か，デフォルメされた年表か調べる。

　④年表からわかる特色を調べる。

　　ア　おもな出来事と起こった年（人物・文化遺産）

　　イ　出来事と出来事の関係

　　ウ　全体から見る時代の変化

　　エ　細部の変化とその背景

◎時間的な物の見方・考え方とは何ですか？

　問題解決する時の追究の視点の一つとして，時間的に見る視点，つまり「起源」「変化」「継承」などのほか，「由来」「背景」「時代」「発展」「向上」「持続可能」などが考えられます。

　　年表は変化を表したもので，低学年から慣れ親しむべきものです。年表は変化を正確にイメージできるように等尺で表示することが基本です。年代順に並べると変化の起きた原因と結果を読み取ることができます。

14 公民的内容はどのように扱い，どう指導すればよいのですか？

ここがポイント

◎小学校社会科の大部分が公民的な内容を含む

　小学校の社会科では，多くの単元で公民的資質に直結する内容「現代社会の仕組みや働きと人々の生活」に関わる学習が取り上げられています。つまり，人・物・文化財などを取り扱う際には，常に公民的資質の基礎を培うという「公共」の意識や，社会への「参画」「貢献」，そして伝統や文化を「保存」「継承」していくという視点なども大切にして指導します。

国会の模擬体験

◎公民的な学習のおおよその流れ

　生活科においては，公共物や公共施設との関わり，みんなで使うもの，家庭や学校などの集団や社会の一員としての役割や行動の仕方，安全で適切な行動，身近な人々，社会との関わりなどについて気付かせます。

　3年生では，市役所などの公共施設の場所と働き，生産や販売に関する仕事，地域の安全を守る働き，4年生では，人々の健康や生活環境を支える事業，自然災害から人々を守る活動，また，3・4年生ともに社会生活を営む上で大切な法やきまりなどについて扱います。

　5年生では我が国の食糧生産や工業生産，我が国の産業と情報の関わり，国土の自然環境と国民生活との関連，6年生では，我が国の政治の働き，グローバル化する世界と日本の役割，日本国憲法，国際連合の働き，国旗と国歌の意義などについて扱います。

こんな子どうします？

◎社会的事象を自分ごととして考えられない子

　子どもにとっては，社会のことは自分とは関係ない他人事で終わってしまうことも危惧

されます。そこで各学年では，自分たちにできることを考えたり「選択・判断」したりできるようにすることや，「多角的」に考えて自分の考えをまとめたり，立場や根拠を明確にして「議論」したりすることなどが大切です。

テスト問題に社会的事象や人物に対する自分の考えを書かせることもよいかもしれないね

ある先生にこう言われました

◎「中学年の社会科は，ほとんど公民の学習みたいだよ！」

　地域社会の一員としての学習をしていくので，まさに区市町村民，都道府県民としての資質・能力の基礎を養成していることにつながります。しかし，その前提となる地理的，歴史的な理解が深まっていないと正しい思考・判断の能力は育成できません。

フレッシュ先生が陥りやすい「落とし穴」

◎「『公民』って何ですか？」

　国民や市民，県民という言い方はしますが，公民はあまり使わない言葉です。一般的にはこれらをまとめた総称を「公民」と言います。直接使われるのは「公民館」「公民権」などです。

◎「『シティズンシップ教育』って何ですか？」

　シティズンシップ教育のとらえ方は様々ありますが，要するに主体的，能動的な市

ごみを減らすために私たちができることは

民的資質の形成をめざす教育と考えられます。大切なことは市民としての知識を身に付けることだけではなく，技能，態度（価値）なども兼ね備えている市民を育てることです。シティズンシップ教育は社会科だけで行うものではありませんが，その中心としての役割を社会科が期待されていることは言うまでもありません。

◎事象や人々の相互関係的な物の見方・考え方とは何ですか？

　問題解決する時の追究の視点の一つとして，事象や人々の相互関係的に見る視点，つまり「工夫」「関わり」「協力」などのほか，「努力」「願い」「連携」「役割」「共生」などが考えられます。

　小学校の社会科では，教科のねらいそのものが公民としての資質・能力の基礎を培うことにあるので，各学年のすべての単元がそこにつながっていると言えます。

15　社会の形成に参画する資質・能力の基礎はどう育てればよいのですか？

ここがポイント

社会科は知識を習得することだけにとどまらず，それを理解し，調べたり考えたり表現したりしながら，自らの資質・能力を高めたり深めたりしていく教科です。ここで望まれる公民的な資質・能力は，日本人としての自覚，持続可能な社会の実現，よりよい社会の形成に参画する資質や能力の基礎などです。これを問題解決的な学習を通して実現していくのです。

あなただったらどうしますか

◎社会参画の意識の基礎を育てる必要性

自分は何もしないのに，他人や役所，学校などには様々な要求をつきつけてくる大人が増えています。払うべき税金を払えるのに払わない，自治会や町会に入らないなど「公共」の意識も低下しています。そこで自らが地域や社会の一員として貢献すること，つまり社会参画の資質・能力を身に付けることが求められているのです。

◎社会の形成に参画する意識を醸成する必要性

まずは地域や社会のことを知ることです。地域や社会のことを調べ，関係のある人の話を聞き，興味・関心が深まってくると，いやがうえにも地域や社会に対する愛着や愛情が芽生えてきます。その結果，現状だけでは満足できずに，よりよい社会にしたいという願いが高まってきます。国や役所に期待するだけではなく，自分にできることや，すべきことはないかという参画意識が芽生えてくるのです。つまり，社会的事象を他人ごとではなく，自分のこととして考えていけるような指導を重ねていくことが大切です。

こんな子どうします？

◎公共の意識の低い子

地域に貢献している大人の例を学ばせるなどして，公共の意識への関心を高めるように

するとよいでしょう。子どもの学習活動に組み入れることを通して保護者に対して公共の意識について啓発することも効果的です。

ある先生にこう言われました

知らなければ何とかしようとは思わないですね

◎「参画意識は強制されるべきものではないよ！」

　参画意識は，内発的なものであることが望ましいです。しかし，地域や社会を知らなければ，参画意識をもつ機会さえもありません。何よりも，地域や社会に対する理解を深めることが，参画意識の醸成へとつながります。

フレッシュ先生が陥りやすい「落とし穴」

◎参画を急がない

　十分に社会生活についての理解が深まっていないのに，「みんなで募金をしましょう」「クリーン作戦に参加しましょう」と，教師が態度化を急ぎすぎる授業が時々見られます。子どもは教師が言うから仕方なくそれをするだけで，これでは参画意識が高まらないうちに行動だけさせられているのです。参画する資質や能力の基礎を培うというしっかりとしたねらいをもち，実際に参画したくなるように意識を向けることが大切なのです。

クリーン作戦に参加する

◎社会の形成に参画する資質・能力の基礎を培う授業とは？

・地域や社会の中で見逃していたことについて調べて考え合う授業
・社会の形成に参画・貢献している人，してきた人について調べて考え合う授業
・伝統・文化などの保存や継承をしてきた人について調べて考え合う授業
・地域や社会のよさに気づくとともに課題に対してどうしたらよいか考え合う授業
・自分たちにできることや，みんなですべきことを考え合う授業

　地域や社会生活に対する理解を深めていけば，おのずと地域や社会に愛着が生まれ，よりよい社会の形成に参画したいという意識が高まってきます。

16 「見方・考え方」を生かして「深い学び」を実現するためには，どうしたらよいですか？

ここがポイント

◎社会的な「見方・考え方」

　社会的な「見方・考え方」とは，学習指導要領によれば，社会的事象の意味や意義，特色や相互の関連を考察したり，社会にみられる課題を把握して，その解決に向けて構想したりする際の「視点や方法（考え方）」であるとしています。

　①主に追究の視点

● 空間的（位置や空間的な広がり）……分布・地域・範囲　など
● 時間的（時期や時間の経過）……起源・変化・継承　など
● 相互関係的（事象や人々の相互関係）……工夫・関わり・協力　など
● 地域の人々や国民の生活との関連付け

　②主に追究の方法

● 比較・分類・総合

　これらを用いて調べ，考えたり選択・判断したりする学び方です。

　つまり，「見方・考え方」というものを単独で育てるのではなく，むしろ主体的・対話的な深い学びを実現するための視点や方法として，学習の中で適宜活用することが求められています。そして，これらの「見方・考え方」を用いて多角的に考えたことや選択・判断したことを論理的に説明したり，立場や根拠を明確にして議論したりすることが求められています。

◎「深い学び」との関連

　「深い学び」は，主体的・対話的な学びを進めることによって可能になります。そのためには，単元でとらえさせたい「資質・能力」を明確にし，子どもに「問い」をもたせ，社会的な「見方・考え方」を働かせて，主体的に問題解決に取り組ませます。そして，友達や地域の方々などとの対話的な学びを実現しながら，その「問い」を解決し，資質・能力が確実に身に付いたか評価していくことが大切です。

こんな子どうします？

◎浅い学びで満足してしまう子

「用語は知っているが特色や意味が説明できない。個々の事象は知っているが，関連が説明できない。資料や実物を見ても『問い』が浮かばない。自分の考えは言えるが，理由や根拠があいまい。友達の異なる考えを理解できない。問題解決に向けての社会への関わり方を選択・判断できない。」などがあげられます。これらの解決には，空間的・時間的・相互関係的，比較・分類・総合などの「見方・考え方」を活用するとともに，対話的な学びをしていくことが大切です。

ある先生にこう言われました

「見方・考え方」は，学習で働かせる視点や方法なのね。

◎「『問い』とは『学習問題』のことだよ」

教師は教材や資料を準備する時に，社会的な「見方・考え方」に基づいて子どもの疑問や，教師の発問を考えます。「問い」とは「学習問題」はもちろんですが，調べたり考えたりする事項を示唆し学習の方向を導くものであり，子どもの疑問や教師の発問なども幅広く含むものであるとされています。

フレッシュ先生が陥りやすい「落とし穴」

◎機械的に空間的・時間的・相互関係的な見方・考え方を使おうとする

「見方・考え方」を活用することは大切ですが，毎時間それらを使わなければならないということはありません。また，比較・分類・総合などの「見方・考え方」は，どの教科でも使う方法であり，他教科との関連も意識した指導が大切です。

友達と調べながら考えを深める

子どもに「問い」をもたせて，社会的な「見方・考え方」を働かせて，主体的・対話的な学びを進め，「問い」を追究し問題解決していけば，深い学びを実現することができます。

17　問題解決的な学習はどのように指導すればよいのですか？

ここがポイント

◎問題解決的な学習とは

　社会科では，個々の子どもが問いや疑問をもったことを学級全体の学習問題として高めて，それを，社会的な見方・考え方を働かせてみんなで調べたり考えたりしていくことにより，社会科における資質・能力が身に付くような学習を展開していくように指導します。

◎よい学習問題とは

　これまでの体験や経験，学習してきたことなどをもとに問いや疑問が生まれます。それをみんなで追究していく問題にまで高まった時点で学習問題となります。学習問題は，指導の意図に則し，みんなで追究する価値（切実感）のあるものであり，また子どもの力で追究可能なものでなくてはなりません。

①活動型	～を調べよう　～作ってみよう　～くらべよう　～を探そう　など
②発見型	なぜ～　どうして～　～のわけは何だろう　など（理由，異同，変化，矛盾）
③追究型	どのように～　どういうふうに　など
④意思決定型	自分だったらどうするか　みんなですべきことは何か　どちらを選ぶか　など

こんな子どうします？

◎考えることをおっくうがる子

　資料提示や友達との学び合いなどを工夫し，考える楽しさを引き出しましょう。

ある先生にこう言われました

◎「教科書にある１時間のめあてを教師が提示すればいいよ！」

　できれば，教科書に例示してあるようなめあて（問い）を，子どもたちの疑問から資料などをもとにして引き出して追究できるようにしたいものです。

フレッシュ先生が陥りやすい「落とし穴」

問題解決的な
学習って
慣れると
わかりやすい!

◎「学習過程に内容をはめ込めばいいのですか?」

　一般的に問題解決的な学習は「つかむ」→「調べる」→「まとめる」で構成されます。しかし問題により,「つかむ」→「予想する」→「調べ方を考える」→「調べる・考える」→「考え合う」→「まとめる」→「ふかめる・ひろげる」など様々です。

◎「小単元の中で問題解決的な学習の流し方はどうすればいいでしょう?」

(1)「つかむ」段階

　学習問題づくりが中心になります。1時間で小単元全体を貫く学習問題ができることもありますが,一般的には1〜3時間程度かかります。それは問いや疑問を学習問題まで高める練り上げの時間が必要だからです。

(2)「調べる」段階

　「予想」や「調べ方」を子どもに書かせ,「問い」を解決する(指導計画を立てて)「見通し」をもたせます。予想はあてものではなく,これまでの学習や経験から学んできたことを根拠として書かせることが大切です。比較したり関連付けたり総合したりして考えさせ様々なかたちで表現させ,友達と考えを交流したりさせます(予想を立てる視点はp.51参照)。

(3)「まとめる」段階

　次のような視点から「振り返り」をします。

- ・学んだことの知識(内容)　　　・これまでに学んだこととの結び付け(関連)
- ・今の社会や自分との関わり(関係)　・自分や友達との学び方(方法)
- ・自分の考えの変化(変容)　　　・学ぶ意味(意味)
- ・自分がこれからできること,これからすべきこと(参画・貢献)

◎「1時間の中でも問題解決的な学習をするのですか?」

　「つかむ」段階では,今日の「問い」または「めあて」を確認します。「調べる」段階では,これまでの経験や学習してきたこと,教科書や本など様々な資料で調べたことをもとに「調べたり」「考えたり」「表現したり」します。「まとめ」では,本時の学習をふり返りまとめるとともに,自分の考えや残った疑問なども表現します。

> 　問題解決的な学習では,教師のねらいをふまえた資料や情報をもとに,子どもたちから出てきた疑問を質的に高めて学習問題を作ります。予想を立て,調べたり考えたりしながら問題を解決していきます。

18 社会科の学習問題は どのように作ればよいのですか？

ここがポイント

◎ 社会科の問題解決学習の基本形

〈小単元の流れ〉 〈毎時間の流れ〉

　社会科の基本形は，子どもたちが学習をしていく際に中心となる高められた「問い」つまり学習問題を作り，それをもとに毎時間の「問い」または「めあて」を追究していくかたちです。「学習問題」は単元全体を貫くものなので，一般的には「どのように（追究型）」「〜を調べよう。〜を作ろう（活動型）」となる場合が多くなります。

　場合によっては，小単元で複数の学習問題を作る場合もあります。

◎「問い」「めあて」などの違い

(1) 資質・能力からの分類

　目標……教師の目標（育てたい資質・能力）を教師の言葉で示したもの

　ねらい……教師が目標とすることを子ども側から示したもの

　めあて……子どもが目標とすることを子どもの言葉で示したもの

(2) 疑問からの分類

　課題……教師が子どもに与える（投げかける）質問

問題……子どもがもつ疑問

問い……子どもがもつ疑問や，教師が子どもに投げかける質問などの疑問

◎学習問題の作り方

　小単元の最初の１〜３時間程度で，学習問題を作るための資料を提示します。多くの場合には，関心，驚き，矛盾，対立，好奇，疑問などを引き出す絵図，写真，グラフ，標語などの教材を提示すると「問い」をもつことができます。

（子どもの問いの例）

稲刈りをするまでには，どんな努力があったのかな

米を作っている人の苦労や工夫について聞いてみたいな

機械がなかったころはどうしていたのかな

農家の人の後継ぎはいるのかな

[資料を見て出てきた問い]

　疑問レベルの「問い」を集約して，次のような学習問題を作ります。

> 農家の人は，どのような工夫や努力をして米を生産しているのだろう。

◎「予想」をさせる

　子どもたちは，何から「予想」をするのでしょうか。

①前時までの学習で学んだこと（既習知識）

②これまでの生活の中で知っていること（既有知識）

③自分がやってみて学んだこと（体験・活動）

④友達や他人から学んだこと（他者）

⑤資料や情報を調べてわかったこと（資料・情報）

◎「見通し」を立てる

　しかし，いきなり「予想」させようとしても，子どもたちは戸惑うことがあります。その場合は，補助的な資料を提示して，しっかりとした学習の「見通し」を立てさせる必要があります。例えば，「米作りの盛んな地域の土地利用図」や「冬の田の様子の写真」を補足し，予想させると，次のような様々な予想が出てきます。これらを分類し，１時間追究する価値のある各時間の「問い」に練り上げます。

		①
田が多いから気候が米作りに適した土地ではないか	→	雪深い地域の農家はどのようにして米を作っているのだろう
米は雪が降るまでには刈り取っているのではないか	→	

		②〜④
寒い気候でもおいしく育つ稲を育てているのではないか	→	農家の人はどのような米づくりの工夫をしているのだろう
いろいろな機械を使って仕事を楽にしているのではないか	→	

		⑤
刈り取った米は，市場に集められるのではないか	→	米はどのように私たちのところに届けられるのだろう
刈り取った米は，スーパーに送られるのではないか	→	

ここで大切なことは，子どもたちが予想で気付かなかったことでも，学習指導要領で求められている内容や教師が目標に掲げた要素で欠けているものについては，補います。例えば，

⑥ これからの米作りに必要なことは何か考えよう

なお，学習問題を解決していくための方法（調べ方）についても見通しを立てます。

◎学習計画を立てる

①→⑥の順で毎時間追究していく「問い」にして，学習計画を立ます。

こんな子どうします？

◎「問い」が思い浮かばない子

学習問題作りで「問い」に気づけない子に対しては，友達の出した疑問などをヒントに考えさせます。

ある先生にこう言われました

◎「小単元を貫く学習問題なんて無理，1時間の『問い』で十分だよ！」

　はじめは，1時間の学習の中で「つかむ→調べる→まとめる」という問題解決の過程をとる練習をするのも効果的です。

フレッシュ先生が陥りやすい「落とし穴」

◎「学習問題」がうまく作れません

　初任者や社会科が苦手な教員の場合は，典型例として教科書の学習問題そのもの，または児童の実態に合わせ，教科書の学習問題を参考として子どもたちと作ったものを追究してもよいでしょう。

◎「学習問題を子どもから作り出せず，いつも教師が与えてしまいます」

　学習問題は子どもが作らなければならないという固定観念にとらわれる必要はありません。しかし，できれば子どもから引き出した方が，その後の追究意欲は高まります。理想的には，子どもから引き出した「疑問」や「問い」が，共通の追究したい「問い」にまで高まった状態を「学習問題」と言います。

　子どもが作るか，子どもと作るか，教師が作るかの違いはあれ，少なくとも，最後まで学習問題に対する意欲が高まらなかったという状態は避けたいものです。

◎前時までの「振り返り」を活用する

　毎時間，右のような「学びの足跡」（模造紙にまとめたもの）を作っておくと，子どもはこれを生かして振り返り，本時の学習に入ることができます。

　学習問題は，問いや疑問を質的に高め，子どもたちの追究意欲を引き出すためのものであり，友達とともに調べたり考えたりするものの中心です。単元を通して追究する学習問題を，子どもと教師が共有していることが大切です。

19 社会科の授業で 板書はどのように書けばよいのですか？

ここがポイント

◎板書は問題解決型で

　社会科授業での板書は，問題解決型で書くようにします。つまり左上または中央上に問い（めあて）を書き，それに対する子どもたちの予想や学習内容を書きます。

◎まとめを子どもに書かせる工夫も

　絵や写真などの資料がある場合

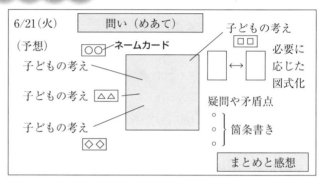

資料をもとに追究した板書の例

はそれを貼ったり，図表がある場合はそれらも関係づけ，視覚的にわかりやすい板書を心がけます。まとめについては，教師が決まった内容を書く場合と，子どもたち一人一人にまとめを考えさせて書かせる場合があります。

◎ネームカードで一人一人の考えが位置づく板書

　子ども一人一人のネームカードを作っておき，子どもの考えを板書の上で位置づけると励みにもなります。また，いつも発言しない子どもに注意を向ける上でも効果的です。

ネームカードを使った板書

こんな子どうします？

◎板書したことしかノートに書かない子

　板書したことをノートに書くかどうかは，子どもに任せます。子どもには自分が気づいたことや，教師が黒板に書かなくてもノートにメモする練習をさせましょう。

ある先生にこう言われました

◎「板書計画は教師用指導書にのっているのを写せばいいよ！」

　最初はそれでもよいのですが，必ずしも学習の流れとは一致しない場合が多いので，できたらその授業の展開に合わせた板書ができるように工夫したいものです。

フレッシュ先生が陥りやすい「落とし穴」

◎「ノートのような板書になってしまいます…」

　ノートを取りやすいようにと板書を書いてしまうと文字が多くなり，子どもは考えずに丸写しをするくせがついてしまいます。それを防ぐためには，板書はキーワードや図・表などでまとめるようにします。またチョークで色分けしたりしましょう。

なぜかと言うと……

> 文字だらけの板書はわかりにくいのね

【悪い例】織田信長と徳川家康の連合軍は，長篠の戦いで武田勝頼の軍と戦い，織田・徳川の連合軍が勝った。勝てたわけは武田側は騎馬隊だったけれど，織田・徳川は鉄砲を使ったから。

【良い例】　◯長篠の戦い

　　　　　織田信長・徳川家康（鉄砲隊）勝 ✕ 敗　武田勝頼（騎馬隊）

◎「板書がごちゃごちゃしてわかりにくいのですが…」

　あれもこれも教師が書こうとして黒板があふれてしまったり，何回も消しては書くことを繰り返すと，全体の学習の流れがわかりにくくなります。できるだけ簡素化し，あらかじめ板書計画を立て，必要なことは消さないようにしましょう。また，赤や緑のチョークは色覚障害の子どもへの配慮から，なるべく使用は避けましょう。

　社会科の板書は問題解決的な学習の形式で書きましょう。視覚的にとらえやすいように写真・絵・グラフ・図で表したりキーワードで整理したり，チョークで色分けしたりしましょう。ネームカードの活用も効果的です。

20 ▶ 社会科のノートは どのように書かせればよいのですか？

ここがポイント

◎社会科ノートの書き方

①今日の日付を書く

②問い（めあて）を書く

③予想を書く

④板書や考えを書く
適宜・写真・グラフ・絵なども描いたり，貼ったりする。

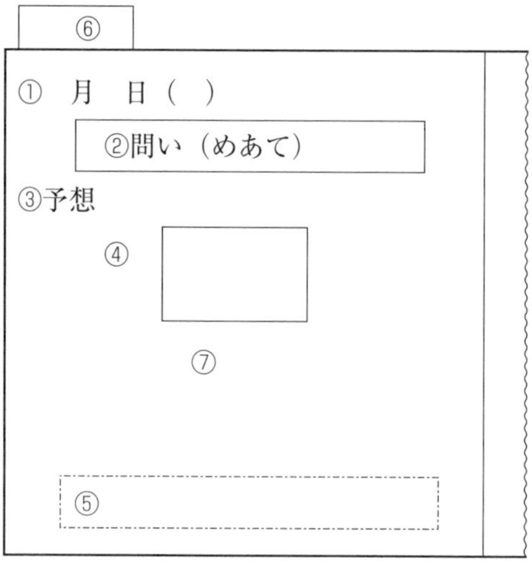

⑥　（図中上部）

① 月　日（　）

②問い（めあて）

③予想

④

⑦

⑤

⑥索引（インデックス）を付ける

⑦内容は板書に書かれていないことも書く
自分で考えたこと
友達が考えたこと
大切なこと
疑問に思ったこと
など

⑤本時のまとめと感想を書く
まとめ－学習内容についてのまとめ
感想－自分の考え，考えの変化，学び方の反省，次の時間に調べたいこと等

こんな子どうします？

◎ノートの書き方が乱雑な子

　そうならないために日付やインデックスを付けるなどの工夫をします。その時間に使った資料やワークシートなどもすべてノートに貼らせるようにすると，はさんだ資料がばらばらに散乱することも防げます。

◎まとめや感想が書けない子

　（ステップ1）箇条書きで書く→（ステップ2）文や文章で書く→（ステップ3）接続詞「つまり・だから」などを使い書く。

まとめを教師が板書し一部分のキーワードを□で囲み，自分の考えを書かせます。またキーワードを2〜3示し，これを使ってまとめを書かせる方法もあります。感想には「驚いたこと」「疑問に思ったこと」「考えが変わったこと」などを書くように声かけすると効果的です。教師がノートを添削したり，友達のノートを参考にさせることも効果的です。

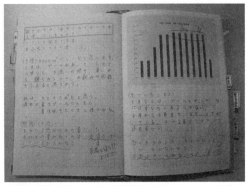
教師の添削も生かし，後の学習にも生きるノートを書く

ある先生にこう言われました

◎「ノートの型を定型化すると子どもの自由な問題解決をさまたげるよ！」

　問題解決的な学習が身に付いていない子どもには，ノート指導の型から入ることも効果的です。まず定型を学ばせた上で，自由にしていくのが早道です。大切なことは，「学び方を学ぶ」ことです。

フレッシュ先生が陥りやすい「落とし穴」

型から入る
方法だね

◎「ノートは文章で書かせないといけませんか？」

　ノートは，いわゆるメモと考えて要点だけを書かせれば十分です。文章だけにこだわる必要はなく適宜，絵・図なども使って書かせましょう。自分の考えと友達の考えを鉛筆の色や，㉑・㉜などの記号で区別することも大切です。ノートを書くのに時間が取られる場合は，めあてと最後のまとめと感想のみを書かせたり，板書を写真に撮って後でノートに貼らせる方法もあります。

◎「ノート以外に授業で使った資料が机上からあふれてしまうことがあるのですが…」

　パンフレットや作らせた新聞などノートに貼れないものは，上から差し込める袋式のファイル（ポートフォリオ）に入れます。このファイルを教室に掲示しておくと，子どもたちが互いに読み合うこともできます。

　社会科のノートは問題解決的な学習の型で書かせ，ノートをとりながら問題解決の手順も学ばせましょう。インデックスを付け，写真・絵・図・グラフなども用いたり，色分けしたりして後の学習にも生かせるノートにしましょう。

21 思考力を伸ばすための対話的な学び（学び合い）ができるようにするにはどのようにすればよいのですか？

ここがポイント

◎なぜ対話的な学びが大切なのですか？

　社会科は問題解決的な学習を中心にする教科です。そのため，「問い」に対する子どもの考えを引き出しやすいかたち，友達と考えを交流しやすいかたちにすることが大切です。対話的な学びをすることにより，多様な考えにふれることができ，考えを広げたり深めたりすることができます。

◎「対話的な学び」はグループ学習だけではない

　「対話的な学び」はグループ学習による「話し合い活動」だと考えている人がいますが，それは一部にすぎません。対話には，児童相互，児童と教師，児童と地域の人々，児童と異学年や異校種の人なども含まれます。また，教室内での対話は，グループとは限らず，ペア，クラス全体，ランダムなかたちでの対話も含まれます。

◎対話がしやすい座席配置を工夫しましょう

　黒板を前にして教師と向き合って学習するかたちは，教師の話を聞いたり，板書を写すのには適していますが，クラス全体で子ども相互に対話するのには向いているとはいえません。

①コの字型……学級全体で対話するのに適しています。友達の方を向いて自分の考えを言い合うことができます。中央の部分が空くので，ここに教材を置いたりすることもできます。教師が個別指導を行う時にも比較的容易に移動できます。

②対面型（川の字型）……討論・ディベートなど，異なる立場の意見を発言させるのに適した形態です。

③グループ型……少人数の対話に適しており，一般的には3～4人が良いと言われています。

コの字型で自分の考えを言う

④サークル型……いわゆる円形です。一つになって話し合うのに適しています。

⑤自由相談型……教室の中を自由に動き，情報交換や話し合いをします。この場合，男女や仲の良い友達か否かということには関係なく，学習の内容充実のために話し合いができるようにします。友達の良い考えを互いに評価し合うことも大切です。

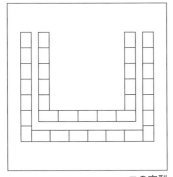

コの字型

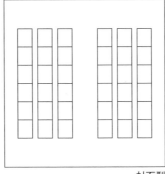

対面型

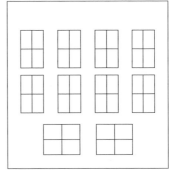

グループ型

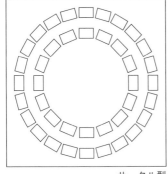

サークル型

自由相談型で考えを交換する

慣れるまではノートなどをもたせて対話してもいいのね

こんな子どうします？

◎考えはあっても挙手・発言しない子

　ペアやグループでの対話の場合は，ノートや資料を手にもたせて相手に示しながら話し合わせるなどの工夫をしましょう。全体での対話の場合は，自分の考えをあらかじめノートに書かせ発言させると比較的容易に発言できます。教師が，最初はだれでも答えられる質問を行い，子どもはノートを見ながら考えを言う練習から始めましょう。何を発言しても認められる学級の雰囲気づくりも大切です。

ある先生にこう言われました

◎「対話的な学びをすると，子どもたちがおしゃべりをするからやめた方がいいよ！」

　対話的な学びは，追究する「問い」や対話する目的が明確になっていないと話し合うべきこととは関係ないおしゃべりが始まる可能性があります。教師は話し合いのめあてから児童の話がずれないように注意し，適宜誘導していきましょう。

フレッシュ先生が陥りやすい「落とし穴」

◎「相互指名でうまく子どもの考えを引き出すためには，どのような点に注意すればいいですか？」

　一問一答ではなく，一問多答にし，友達相互で指名し合うなど発言をつなげる相互指名型やリレートーク型（指名せずに子どもたちが発言する型）にしていきたいものです。自分の考えを友達にわかってもらうこと，友達の話をよく聞いて考えをわかろうとすることが大切です。

　①子どもが子どもを指名する

　同じ子どもに対する指名が連続しないように，異性優先，未発言者優先などのルールを徹底しましょう。

　②前の意見を踏まえて発言させる

　○○さんの意見に付け足しです。

　○○君の意見に反対（賛成）です。

　③よりどころを明らかにして発言
　　させる

友達の考えをわかろうとする

　教科書○ページからわかります。
資料集の○ページを見てください。

　この前学習したこのことから。

　1年生の時に行ったことがあるのですが。

　④そう考えた理由も言う

　私は○○だと思います。理由は……だからです。

　⑤質問をする……○○さんに質問ですが。

　⑥比較・関連付け・総合……○○と□□の意見を比べると

　　　　　　　　　　　　　　　○○と□□の意見を合わせると

話型がわかると，学び合いができるようになるわ

60

⑦変化……最初は○○という考えでしたが，□□と考えが変わりました。

⑧学び合い……○○さんはいい考えをもっています。

　　　　　　　　○○君は，こう言いたいのだと思います。

◎「対話的な学びで深めるようにするためには，どんな練習をすればよいですか？」

　例えば「話型のレシピ」（「話し合い活動」64〜65ページ参照）を見せて子どもに練習させるなどの工夫をすると，対話的な学びができるようになります。

　①前の友達の考えにつなげるようにする。

　②全体に聞こえるように大きな声ではっきりと言う。

　③次第に友達の考えも踏まえて自分の考えを言えるようにする。

◎「話し合い活動」以外にも工夫したい「対話的学び」

　①ノートを交換して読み合い，相手の考えを知る。

　言葉にして説明するより，ノートを見せ合った方が早い場合もあります。

　②資料やノートを友達に見せながら説明する。

友達に見せながら説明する

考えの変化をカードを動かして表す

　③教室の壁面にはったポートフォリオを読んで回り，友達の考えを知る。

　④ホワイトボードを囲んで構想を練りながら，みんなの考えをまとめる。

　⑤友達と話し合いながら自分の考えの変化をネームカードを動かして表す。

　⑥付箋をもって，友達の考えの良い点を評価する。

　⑦道具や物を持って動作化しながら説明する。

　⑧黒板の前で，図や写真，絵，板書などを示しながら説明する。

　⑨友達の発言に対して「なるほど」「確かに」などと反応をつぶやく。

　様々な学習形態や友達とのかかわり方を工夫することにより，自分の意見や考えを伝えられる社会科の授業を展開することが可能になります。

22　社会科の授業での話し合いを　　どのようにやらせればよいのですか？

ここがポイント

◎有意義な話し合いにさせるために

　思考力・判断力・表現力を身に付ける上で話し合い活動は大切な意味をもちます。有効な話し合いを実現して，考えを広めたり，深めたりするためには工夫が必要です。

話し合うことを明確に

　①「何を」話し合うのか

　話し合う目的が明確でないと，自分がノートに書いたことを読むだけ，思いついたことを言うだけになり，話がかみ合いません。

　②「何人」で話し合うのか

　話し合う目的や学年発達段階に応じて，何人のグループか全体かなど話し合う人数が大切になります。

　③「何分で」話し合うのか

　時間が最初に予告されていないと，せっかく話し合いが深まってきたのに途中で終わりになってしまうことがあります。

　④司会を置くか，置かないで話し合うのか

　司会や記録を決めて話し合うかたち。司会や記録は決めずにフリートーキングにするかたち。相互指名，相互司会のかたち，などを決めておく必要があります。

　⑤「どんな手順で」話し合うのか

　話し合う順序や手順が明確でないと話が空回りしたり重複したりします。

　・最初から意見や考えを言い合う。

　・考えを全員が説明してから，互いに質問・同調・反論をする。

　・一人の考えを説明するごとに質問・同調・反論を繰り返す。

　⑥話し合う環境をどう設定するか

　狭い教室で，隣のグループの話がうるさくて集中できないのでは話が進みません。大切

なのは，話しやすい雰囲気づくりであり，隣のグループの話し合いに気を取られることなく子ども相互が真剣に話し合いに集中できるように隣との間隔を空けたり，広い教室で行ったりするなどの工夫が必要です。

⑦話し合ってどうするのか

・気がついたことを出し合わせる

・考えの違いを確認させる

・意見を戦わせる

・わけを考えさせる

・一つ選択したり，優劣を付けさせる

・整理し関連性を考えさせる　　など

⑧話し合ったことをどう表現するのか

最後にどうするかは，あらかじめ指示

手作りラミネートボードに書く

しておく必要があります。例えば，ノート・カード・ホワイトボード・黒板に書く，発表するなどと予告しておきます。できるだけ子どもの言葉で表現させることが大切です。

話し合うことが目的ではないのね

こんな子どうします？

◎話し合いに加われない子

　自分がノートに書いたことを読ませましょう。友達の考えと「同じ」か「違う」かをまず言わせましょう。

ある先生にこう言われました

◎「話し合いがうまくいくために台本を作り，練習させておけばいいよ！」

　学芸会ではないので，発表することが目的ではありません。ただし，話し合いがスムーズに進むように，司会の仕方や進め方のような話型の台本を作ることは効果的です。内容まで決め練習させてしまうと，社会科でめざす話し合いにはなりません。

フレッシュ先生が陥りやすい「落とし穴」

◎「『グループで話し合いましょう』と言っても子どもが戸惑ってしまいました？」

　子どもは，考えはあってもうまく言葉で表現できないことがあります。そのような場合には話型を練習させることが大切です。以下は，ある小学校の話型練習のレシピです。子

どもたちは，社会科だけではなく，毎時間これを身近に置いて練習します。

社会科の授業では，考えを広めたり深めたりする上で話し合い活動は大切です。話し合い活動を活発にさせるためには，話し合う目的，人数，方法，手順，時間，表現などが明確になっていることが大切です。また，話し合ったことを何らかのかたちで表現することも大切です。

学び合い話型のレシピ（例）（東京都板橋区立板橋第十小学校の実践から）
A　低学年用

	No	いたじゅう低学年バージョン まなびあいのしかた	チェック
はなしかた	1	はい，〜です。ます。	
	2	さいごまで，はっきり　はなす。	
	3	クラスのみんなに　きこえるこえで　はなす。	
	4	からだをともだちのほうにむけて　はなす。	
ききかた	5	はなしている人をみて　きく。	
	6	はんのうしながら　きく。 （いいねえ！　そうか！　なるほど！　○○さんらしい 確かに　うなずきながら）	
りゆうをいおう！	7	わたしは〜です。 　　りゆうは〜だからです。	
いってみよう！	8	まよっているのですが…。 よくわからないのですが…。	
	9	○○さんのいけんをきいて 　　おもったのですが…。	
ともだちのはっぴょうに つなげよう！	10	○○さんに　にていて…。 ○○さんに　つけたしで…。	
	11	○○さんとは　ちがって…。 ○○さんに　はんたいで…。	
こまったときは	12	よくわからないので，ちょっとまってください。 ほかにありますか。	

B 中・高学年用

	No	板十バージョン 学び合い話型	チェック
話し方の超キホン	1	はい，～です。ます。	
	2	最後まで，はっきり話す。	
	3	クラスの全員に聞こえる声で話す。	
	4	体を友だちの方に向けて話す。	
聞き方の超キホン	5	話している人を見て聞く。	
	6	反応しながら聞く。 （いいね！　そうか！　なるほど！　確かに！　うなずきながら）	
理由をつけよう！	7	私は～です。理由は～だからです。	
	8	理由は○つあります。一つ目は…	
	9	○○で勉強したいことと同じで…	
	10	○○に聞いた（見た，体験した）んだけれど…	
	11	～を見てください。いいですか？ここに○○とあるので	
とりあえず 言っちゃおう！	12	まよってるのですが， よくわからないのですが，	
	13	○○さんの意見を聞いて思ったんだけど，	
友だちの発言に つなげよう！	14	○○さんに似ていて， ○○さんにつけたしで，	
	15	○○さんとはちがって， ○○さんに反対で，	
友だちを助けよう！	16	助けます。 ○○さんの言いたいことは別の言い方をすると～ということですか？ 　　つまり… 　　ようするに…	
		○○さんの考えがよかったので○○さんお願いします。	
どんどん質問しよう！	17	それはどうして（どこから）そう思ったんですか？ …ってどういうこと（意味）ですか？ …についてくわしく教えてください。 …ってたとえばどういうことですか？	
だまるのはナシ！	18	よくわからないので，時間をください。 　　○○さんお願いします。 　　もう少し考えさせてください。	
まとめてみよう！	19	みんなの意見をまとめると… 　　ひとつにすると… 　　つなげると… 　　整理すると…	
自分の考えをふりかえろう	20	はじめは…と思っていたのですが， 　　○○さんの意見を聞いて…に変わりました。 　　よくわからなくなってきました。 　　やっぱり…だと思います。	

23 ゲストティーチャーを授業に招く際, どんなことに気をつけたらよいですか？

ここがポイント

◎地域の人や働く人を直接学校にお呼びして話を聞かせていただく

　生きた教材として授業の援助をしていただく方は，ゲストティーチャー・アシスタントティーチャー・地域人材などと言われています。ゲストティーチャーを招く利点は，生の教材として地域の人や働く人の様子や工夫や努力，悩みなどを聞くことができ，親しくなることを通して，地域や人々に興味・関心や愛着をもたせることです。

地域の方の生のお話をうかがう

◎ゲストティーチャーを招く際の問題点

　①教師ではないので，話の内容が長く難しくて子どもにわからない場合がある。

　②子どもに考えさせたい事柄の答えまで話してしまう場合がある。

　③授業をゲストティーチャーに丸投げしてしまい,教師が聞いているだけの場合がある。

◎授業前，授業中，授業後の打ち合わせが大切

　①授業前→事前に打ち合わせに行き，授業をする学級・学年と児童数，授業をする場所，本時のねらい，おおまかな流れ，話してほしい内容，所要時間，服装，謝礼の有無，持参していただきたいもの（仕事に関係ある道具，物など），当日来校していただく時刻，利用交通手段，出張依頼状の有無などを確認する。また，仕事場での打ち合わせでは許可を取り，教材用の写真や動画などを撮らせていただく。

　②授業中→ゲストティーチャーが入退出するタイミング，お話をしていただく時間のコントロール，わからない言葉を教師が補説する段取り，ゲストティーチャーがこれから子どもが追究しようとしていることを答えてしまう場合にストップをかけるタイミング。

　③授業後→校長，教頭（副校長），担任からの御礼状，子どもの感想文などの御礼の手紙。

こんな子どうします？

◎ゲストティーチャーにプライベートな質問をする子

　「それは今日のめあて（問い）からはずれるので，別の質問をしましょう」と教師が質問をさえぎることも大切です。

地域の人と仲良くなるきっかけにもしたいね

ある先生にこう言われました

◎「その道のプロなんだからゲストティーチャーにすべてお任せするといいよ！」

　ゲストティーチャーは，その道のプロですが教育のプロではありません。あくまでアシスタントなので教師がすべてを丸投げすることはやめたいものです。主導権は教師がとるべきであり，ゲストティーチャーが話したいことを話してもらうのではありません。まれに内容がその学年の子どもには理解不可能であったり，特定の政治・宗教・思想などに偏ったり商売の宣伝だったりして不適切と思われる場合には，教師は途中でも遠慮なく言動を制止・訂正したり，補足説明したりすることが大切です。

フレッシュ先生が陥りやすい「落とし穴」

◎「ゲストティーチャーはどうやって見つければいいですか？」

　ゲストティーチャーに代表される地域人材をあらかじめ登録したリストを作っておいて，必要に応じて学校から依頼できる体制を整えておくことが大切です。区市で人材バンクがある場合には，その活用も図りたいものです。

◎「出前授業に任せきりではいけないのですか？」

　各種団体や会社，業者などが行う出前授業があります。この場合の留意点はゲストティーチャーとほぼ同じですが，よく内容を確かめておかないと会社や業者の宣伝になってしまったり，学校の教育課程や学習指導要領の内容からは逸脱したものになってしまったりする心配もあります。子どもの教育は訂正ややり直しがきかないものもあるので，丸投げはやめ，しっかりと学校が内容や方法をチェックすることが大切です。

> 　ゲストティーチャーは，十分な事前の打ち合わせの上で，明確なねらいや計画をもとに活用を図ることが大切です。授業自体はあくまで教師が主導権を握り，適切にコントロールしていかなければなりません。

24　体験活動を行う際に注意することは何ですか？

ここがポイント

◎体験活動のよさ

　社会科では，買い物体験，稲作体験などの直接体験，昔の道具を使って学ぶ模擬体験など様々な体験活動が行われます。体験活動は，実際に社会の仕事や事象に近づくことができる有効な学習方法です。体験活動のよさは次のような点です。

（1）実感的に物事を理解できる

　見るのとやってみるのとでは大違いというように，体験してみなければ本当にはわからないことが少なくありません。「ねらい」を明確にして体験させ，体験してわかったことを自分なりの言葉で表現させることが大切です。

（2）体験させるポイント

　①費用と時間を使って体験させる価値のある体験かどうかを吟味する。

　②どの単元に位置付けて実施するか明確にする。

　③管理職の許可を取り，実施可能な日時の候補を見究める。

　④実地踏査を通して，場所，費用，移動手段について調べる。

　⑤持ち物やあらかじめ準備するものについて調べる。

　⑥トイレの場所や非常の時の病院の場所などを確認する。

　⑦安全への配慮は十分か検討する。事件・事故に巻き込まれる危険はないか。交通安全，生活安全，災害安全の視点から考える。

　⑧体験をさせてもらった方に話も聞いてくる段取りをする。

　⑨体験の成果が上がったかどうか検証する。

体験することが目的ではだめなのね

こんな子どうします？

◎体験することだけに没頭してしまい，ねらいが飛んでしまう子

　体験活動を行う前に「ねらい」を再度確認し，しっかりと見たり感じたりできるようにし，その結果を表現する方法も指示しておきたいものです。

ある先生にこう言われました

◎「子どもたちが喜ぶから『楽しい体験』をどんどん取り入れるべきだよ！」

　農業体験で野菜を収穫するときに，手袋からスコップまですべて用意されていて，ただ枝豆やイモを収穫するだけという「楽しい体験」だけでは，ねらいは達成しません。農家の人の工夫や苦労を実感させようとしたら，「楽しくない体験」も大切です。例えば，畑の草取りや，あぜの清掃，マルチ（ビニール）の片付けなど大変な作業をさせたあとで，おまけとして枝豆採りやイモ掘りもします。最後に畑の片付けもさせます。前者では，子どもは「農業は楽しいことばかり」と誤解します。後者では，子どもは「農業はきつい作業もあるから収穫の喜びがある」と理解できます。

フレッシュ先生が陥りやすい「落とし穴」

楽しくない体験も大切なんだ

◎「体験活動させることがねらいではいけないのですか？」

　体験活動を取り入れた場合，体験そのものに気持ちが集中しすぎることがあります。例えば，昔の人の仕事として「わら細工」を取り入れた場合，「よいわら細工ができること」がねらいになってはいけません。ここでのねらいは，「昔の人の仕事の様子やリサイクルの知恵を学ばせること」であり，できばえよりも，作る大変さや，不要なわらを再利用する工夫などに気づかせることが大切です。

◎「『効率よい体験』をめざしてはいけないのですか？」

　子どもに決められた時間内に体験をさせるため，子どもをせきたて，間に合わない場合は指導者が手伝って時間内に効率よく体験させることがあります。しかし「あえて効率の悪い体験」もさせないと，子どもは人々の工夫，努力，苦労には気づきません。

どうやって使ったのかなあ

　体験活動は，実感として物事を感じ取らせるために有効な学習方法の一つです。しかし，体験すること自体がねらいになってしまうと，早く体験させたり，よい作品を作ることに視点がいってしまったりして，本来のねらいから逸れることも少なくありません。

25　観察・見学するときに 気をつけることは何ですか？

ここがポイント

◎観察・見学の大切さ

「聞いたことはすぐ忘れるが，見たことはよく覚える」という言葉があるとおり，観察・見学は社会科では大切な学習活動です。観察・見学は行けばいいのではなく，「ねらい」（目標）を明確にし，問題意識をもって行かないと成果は得られません。

どこから送られてきたのかしら

◎実地踏査・事前準備が大切

①学習過程のどこに見学を位置付けるか明確にする。

②観察・見学に行く「ねらい」を明確にする。

③「ねらい」に沿って，調べたいこと（問題意識）を明確にする。

④見学に適した時間帯，見学計画，注意事項を明確にする。

⑤見学の日時，場所，費用，移動手段（交通手段）について把握する。

⑥持ち物の準備は間違いないか，雨天対策などについて確認する。

⑦トイレの場所，非常の時の病院の場所などをあらかじめ調べる。

⑧安全への配慮は十分か，交通安全，生活安全，災害安全の面から調べる。

⑨働く人などに話を聞く場合は，聞くことについて準備をさせる。

⑩観察・見学のマナーをあらかじめ身に付けさせる。

こんな子どうします？

◎メモの取り方がうまくできない子

　子どもたちはメモでなくて文になってしまうことがあります。「キーワードだけ書く，箇条書きに書く，時には絵や図・表などでかく」などの技能の習得を，国語科とも関連付けて学ばせておくことが大切です。

ある先生にこう言われました

◎「毎年同じところに見学に行くから実地踏査や打ち合わせは必要ないよ！」

　見学地の様子や道路事情なども変化しているかもしれないので，実地踏査や事前打ち合わせは不可欠です。安全面の配慮や，教師の役割分担，観察・見学をさせるねらい，交通機関との連絡や切符の手配，どの程度時間をとるかも大切です。

フレッシュ先生が陥りやすい「落とし穴」

◎「どのように視点をもたせて見学させればいいでしょうか？」

　観察や見学は，調べたいこと（問題意識）を明確にしておかないと，何回観察や見学に出かけても無駄です。見てくることは，原則としては「もの，人，こと」です。つまり「どのような**もの**があったか。何のために使われている**もの**か」「どのような**人**がいたか。**人**は何をしていたか」「どのような**こと**が行われていたか」などの視点が大切です。特に「**こと**」は動きを伴う場合が多いので，変化の視点で観察・見学することが大切です。行き帰りの道路周辺の土地の様子など，車窓から見える風景も大切な
観察・見学の機会となります。

見せていただくのだからマナーもしっかりしなくてはいけないわね

◎「観察・見学のマナーはどの程度指導すればいいですか？」

　①訪問時間は相手の仕事の迷惑になっていないか。

　②往復の道中に危険な行動をするようなことはないか。

　③最初に約束した時間内に収まるように観察・見学ができるか。

　④あいさつなど見学するときのマナーは十分身に付いているか。

　⑤インタビューするときには，短時間で適切な言葉で質問ができるか。

◎「観察・見学したことは何にまとめさせればいいですか？」

　まとめる方法には，ノートや観察カードなど様々な形式があります。

　①事実をしっかりと記録する。

　②わかったことと疑問が残ったことを明確に書く。

　③考えたことや自分の考えも書く。

　観察・見学は，社会科にとっては大切なものです。明確なねらいをもって，マナーも含めてしっかりとした準備をして実施しましょう。

26 社会科見学はどのように行ったらよいのですか？

ここがポイント

◎社会科見学とは

　社会科見学は，社会科で学習する人や産業，歴史などについて見学したり働く人の話を聞いたりして理解を確かにするためのものです。本来は社会科の学習展開に沿って行うものです。しかし，子どもが徒歩で行ける範囲の3年生の社会科見学はともかく，4年生

これが国会議事堂なんだね！

以上の社会科見学や3年生でも市内めぐりのようなものになると，バスや付添いの教員の配置などが必要なため，あらかじめ学校の年間行事予定に組み込んで実施しましょう。

◎社会科見学を指導計画に位置付ける

　社会科見学を小単元のどこに位置付けるかで社会科見学のねらいが変わります。

　①つかむ＝見学対象について興味・関心を高めるようにします。

　②調べる＝「問い」をもち予想したことや調べたいことについて問題解決を図ります。

　③まとめる＝自分たちが調べたり考えたりしたことが正しかったか確認します。

◎社会科見学先の予約は早めに

　多くの学校は，担任が決まってから工場見学などの予約を取ります。しかし，最近では安全上や秘密保護などの立場から受け入れてくれる工場や会社，店などが減少しています。そこで，予約が殺到するような見学先については，担任が決定される前でも前の学年の担任があらかじめ予約を入れておくことが大切です。

こんな子どうします？

◎社会科見学のときに，宗教上の理由などで参加を否定する保護者の子

　神社や仏閣などの見学などについて，保護者から宗教上の理由でやめさせてほしいという申し出がある場合があります。教育上の必要を一応保護者に説明した上で，納得しない場合はバスで待機させたり資料をもらってくるなど柔軟な対応をとりましょう。

ある先生にこう言われました

◎「社会科見学は業者に任せておけば，よいコースを選択してくれるよ！」

　手配業者の作るコースはバランスよくできています。しかし，本来は教師がここに行きたいという要望を出し，それを業者にしっかりと説明し依頼するのが本来の姿です。複数の業者から見積もりを取り，業者との関係をクリーンにしておくことも大切です。

フレッシュ先生が陥りやすい「落とし穴」

◎社会科見学の準備は完璧でしょうか

　①挙行報告

教育委員会に出す計画書のことで2週間程度前までに出します。

　②実地踏査（実踏）

いわゆる下見のことで毎回必ず行う必要があります。

・社会科見学の目的とする施設や説明する人を確保できるか

・引率人数

・電車利用の場合，子どもを引率したときの乗り換え時間

・見学場所までのスケジュール，交通手段（切符の手配　※団券の責任者は校長名にします），
　ルートはどうするか

・見学のねらいは何で，どのような段取りで見学するか

・あらかじめ調べておくことや当日見学先の人に話してほしいことを確認する

・その場所で配布される資料や，事前に学校で準備していく資料を確認する

・弁当を食べる場所（特に雨天時）やトイレのある位置，危険な場所を確認する

　③事前打ち合わせ

管理職及び同行する教員全員で行い，スケジュール，役割分担，トイレの位置，弁当を食べる場所，熱中症対策，危険が予想される場所や万が一の連絡体制等を確認する。

◎「往復のバスの中ではレクリエーション係があったほうがいいのでしょうか？」

　遠足とは違い，往復のバスの車窓から土地や町の様子を見学することも大切な学習です。レクリエーション係は不要です。おやつやおこづかいも社会科見学の場合は不要です。

忙しいと
落ちが
心配だよ！

> 　社会科見学は実際に子どもが生きた社会を学ぶ上で大切なものです。挙行報告を提出し，十分な実地踏査や，事前打ち合わせをして実施します。

27 インタビューや聞き取りの仕方は どうすればよいのですか？

ここがポイント

◎インタビューは「聞き取る力」を高める

　インタビューをする活動は，子ども自らの「問い」を解決するために大切な活動です。また，何を聞くか，どのように聞くか，誰に聞くか，聞いたことをどうメモするか，メモしたことをどうまとめるか，まとめたことを他人にどう説明するかなど，「聞き取る力」や「表現する力」を身に付ける上でも有効な学び方です。

どの時間帯がお客さんが多いですか

◎インタビューの練習をする

　インタビューに行く前に，聞きたいことを箇条書きに整理しておくことが大切です。そうしないと，どうでもよいことを聞き取ってきたり，大切なことを聞きもらしたりしかねません。次に，あらかじめ電話や手紙などでインタビューのお願いをしておきたいものです。相手にも都合があるということを理解させることが必要です。「何月何日の何時に，○○小学校の○年生の○○名が，○○についてお話を伺いたいのですが，ご協力いただけますか」とあらかじめ了解をとることが必要です。

　また，事前にマイク風のグッズなども使い，子ども同士や校内の教師や授業公開で保護者にインタビューの練習をしてみましょう。「その質問の仕方ではわかりにくい」など十分に語り合いをしてからインタビューに臨みたいものです。インタビューをしながら上手にメモをとる練習も大切です。

こんな子どうします？

◎「聞いてくること」だけが見学だと思っている子

　せっかく見学に行っているのに，インタビューすることだけに集中してしまい，しっかりとした見学が行われないことがあります。見学では「聞いてくること」「見てくること」

のほか，その場の雰囲気やにおい，音など「感じてくること」，歩幅でおおよその長さや広さを「はかってくること」，関係した資料をいただいたり写真を撮ったりして「集めてくること」など，様々な活動を行いたいものです。

ある先生にこう言われました

◎「プロの人から聞いた言葉だから間違いはないよ！」

　プロの人の言葉にはその人の思い違いや，偏った考えや，独特の意見が含まれていることもあります。例えば，別の人にも聞いてみるように仕向けるなど，その言葉がある程度の客観性のあるものなのか，教師が助言することも大切です。

フレッシュ先生が陥りやすい「落とし穴」

聞かないとわからないことが中心だね

◎「たくさん質問が出ればいいのでしょうか？」

　教科書や副読本，本などを読めばわかることは，インタビューする必要はありません。子どもは数にこだわりやすいので，「何個できるか」「何トンとれるか」などの質問を続けることもあります。それより，人に聞かないとわからない「その人の仕事上の一日の生活の様子」「仕事上の工夫や努力」「仕事をしていく上での悩みや喜び」などを中心にインタビューするようにしましょう。

◎「双方向的なインタビューとは？」

　難しい言葉を使って説明されると子どもは意味を理解できない場合もあります。このような場合は，教師が適宜補説するなどの役割を担うことも大切です。いわゆる一問一答型のインタビューではなくて，答えに対してさらにそのわけを聞いたり，関連したことを聞いたりできるよう双方向的なインタビューにしましょう。事実の聞き取りだけではなく，そのような出来事が発生したわけや，これまでの経緯，そのように考えるにいたった理由など，深まりや広がりのある聞き取りができるようにすることが大切です。

> 　インタビューをうまく成功させるためには，相手とアポイントをとり，聞きたいことを明確にして出かけるなど，事前の準備が大切です。また，インタビューでしかわからないことを中心にし，聞き取った内容のすべてが事実と誤解しないようにし，整理してまとめることが大切です。

28 子どもの考えを引き出すためには 教師はどんな発問をすればよいのですか？

ここがポイント

◎人や物に焦点化する

　社会的事象は様々なものや人がからみ合っているために，子どもにとってはわかりにくいものです。そこで，特定の人や物などに焦点化して，「何に使うものでしょう」「何をしているのでしょう」「この人の願いは何でしょう」などの発問を糸口として子どもに考えさせると考えやすくなります。

どんなところだと思いますか

◎変化は時間を切り取って考えさせる

　社会的事象は刻々と変化します。しかし，子どもにとっては流れをつかんで思考・判断することは難しいので，ある時点でストップさせたり，象徴的な場面を切り取ったりして子どもに考えさせましょう（「これは何をしている場面でしょう」「この人は何を考えているのでしょう」「どうしてこんなことが起きたのでしょう」など）。

◎ビフォーとアフターで考えさせる

　変化が起こる前と起こった後の姿を対比的に見せて，「この間に何があったのでしょう」と考えさせましょう。例えば，江戸時代と明治時代の銀座通りの絵を比べて「この間にどんな変化があったのでしょう」「どうして，このような変化が起こったのでしょう」と問いかけてみましょう。

教材のワールドに入って，イメージを広げることが大切なのね！

こんな子どうします？

◎すぐ「なんで？ なんで？」と言う子

　疑問はもちますが，自分で考えようとはしない子です。このような子には「あなたはどう思いますか」と問い返すと効果的です。

昔海底だったところがどうして公園に？

ある先生にこう言われました

◎「考えを引き出すには『なぜ』『どうして』と発問すればいいんだよ！」

　社会科の場合「なぜ」「どうして」では解決できない問題が多くあります。例えば，事実関係をよく理解していない段階で「なぜ○○事件が起きたのだろう」と問いかけても，子どもには本当の理由は考えることができないことも多いからです。

フレッシュ先生が陥りやすい「落とし穴」

◎「説明が中心の授業にならないためには，どうしたらいいでしょう？」

　①「問い」を引き出しましょう【引き出し発問】

　　・何か変だと思わない　・あれっと思うことない　・不思議と思うことない

　　・どうなると思う　・どうしたい　・何を調べればわかる　　など

　②理由や根拠を考えさせましょう【問い返し発問】

　　・どうしてそう思ったの　どうしてそう考えたの［理由］

　　・何を調べてわかったの［方法］

　　・どうして知っていたの［既有知識］［体験・経験］

　　・このまわりはどうなっていると思いますか［空間類推］

　　・あなただったらどうしますか［自分化］

　　・あなたにできることはどんなことですか［貢献・参画］　　など

　③異同や関連，原因と結果，変化などを考えさせましょう【比較・関連・因果発問】

　　・比べてみましょう　違うところ同じところはどこでしょう［比較］

　　・どのような関係があるのでしょう　どのように関連しているでしょう［関連］

　　・こうなった原因は何でしょう　結果はどうなったでしょう［原因・結果］

　　・どのように変わったでしょう［変化］　　など

　④今までとは異なる考えを引き出しましょう【視点変更発問】

・もしその地域に住んでいたらどう考えるでしょう ［仮定］

・他の立場だったらどうでしょう ［多角的］

・お金の面から見たらどちらが良いと思いますか ［多面的］　　など

⑤大切なことや課題について考えさせたり，選択・判断させたりしましょう【選択発問】

・ＡとＢとどちらを選びますか　どうしてそれを選んだのですか

・一番大切だと思うこととそのわけを考えてみましょう　　など

⑥より具体的な子どもなりの表現を引き出しましょう【言い換え発問】

・「たとえば」「もしも」「つまり」「要するに」「なぜかと言うと」などと言い換えましょう

⑦より深い表現を引き出しましょう【限定発問】

・資料からわかったことを50字でまとめましょう ［要約］

・キーワードでまとめましょう ［キーワード］

・考えたことを箇条書きにしましょう ［列挙］

・１年生にもわかる言葉で書きましょう ［平易］　　など

教師が考えを引き出す発問を心がけてすることにより，子どももふだんから社会的事象に対して疑問や考えをもつようになります。また，子ども同士の話し合いのときにも，問いや疑問を出しやすくなります。つまり，教師が考えを引き出す発問を意図的にしていくと，子どもは無意識に自分の問いや疑問のもち方の手本とするようになるのです。

◎「多面的・多角的に考えさせる」ためにはどうしたら良いでしょう

小学校社会科では「多角的に考える」ことが求められています。「多角的に考える」とは，異なる立場や意見を踏まえて考えるということです。例えば，武士の立場だけではなく，農民の立場から見る。消費者だけではなく生産者の立場から見るとどうかなどです。なお，中学校社会科では「多面的・多角的に考える」とは，「社会的事象自体が様々な側面をもつ『多面性』と，社会的事象を様々な角度から捉える『多角性』とを踏まえて考察する」と説明されています。

◎「選択・判断」をさせるときに注意することは何でしょう

社会科では「社会への関わり方を選択・判断する」ことが求められています。社会生活や社会的事象について理解したことをもとにして，自分たちに協力できることや，自分たちがすべきことを現実的に考えていくことです。そのポイントは次の通りです。

①賛成・反対などという単純な選択・判断ではない。

②正しい判断があって覚えればよいものではない。

③見方・考え方を働かせて選択・判断できるようにする。

④理由や根拠を明確にして選択・判断できるようにする。

⑤地域や社会の課題を把握して，社会との関わり方を選択・判断する。

⑥問題解決の筋道を友達や社会の人と共に考え選択・判断する。

⑦選択・判断したことを説明したり，議論したりできるようにする。

◎「子どもはどのように思考したり判断したりするのでしょうか？」

　一般的には，出来事の起こった事実や背景などに関する思考・判断と，善悪や賛成・反対など価値に関わる思考・判断があります。ここでは６年生の「伊藤博文と条約改正」の実践をもとに，実践場面で見られる子どもの思考・判断について，いくつかのパターンに分類してみたいと思います。

■実践場面で見られる子どもの思考・判断パターンの例

	思考・判断パターン	過去	現在	子どもの反応例より
1	ある事実に即して思考・判断する	○ ←	●	博文は条約改正を有利にするために憲法制定を急いだ。
2	いくつかの事実を関連させて思考・判断する　　（関連）	○ ○ ○	●	西欧に追いつくために博文は政治・経済・軍事などの近代化を急いだ。
3	いくつかの事実を組み合わせて思考・判断する　　（総合）	○ ○ ○ ←	●	博文は一つの近代国家にまとめあげるために，より条約改正を有利にしようとした。
4	過去と現在の事実を比べて思考・判断する　　（比較）	○	○ ●	大日本帝国憲法と今の憲法では主権に違いがある。
5	歴史上の人物に自分を置き換えて思考・判断する　　（多角的）	◎ ←	●	もし私が博文だったらイギリスの憲法を真似て憲法を作っただろう。
6	過去の事実がもし現在にあったらと考えて思考・判断する　　（置きかえ）	○ →	○ ↑ ●	もし大日本帝国憲法が今発布されたら国民は驚くだろう。
7	過去の事実を起こすに至った人々や背景を視野に入れて思考・判断する　　（類推）	○ ←	●	博文は江戸時代から尊皇攘夷を幕府を倒す方法として考えていたので，このような憲法を作ったのだろう。
8	いくつかの過去の事実より現在や未来のことを考えて思考・判断する　　（転移）	○ ○ ○ →	● → ◎	今の自分が考えると大日本帝国憲法にはいろいろな弱点がある。国民主権は今後も大切な視点になると思う。

（○＝事実　●＝学習者　◎＝学習者がその時代にいたら　筆者の実践より）

　一問一答型の授業を脱却し，より多くの子どもの考えを引き出す発問を工夫することにより，子どもが考える社会科の授業を展開することができます。

29　写真資料を使いこなすためには どうすればよいのですか？

ここがポイント

◎写真資料はねらいに即して選ぶ

　社会科の授業で，資料として活用する写真は，風景写真や人物写真とは明らかに違うものです。つまり，子どもたちにつかませたいねらいや学習内容を意図的に含むものでなければなりません。したがって，同じ農家で働く人の写真でも，機械を動かしている場面か，田で休憩している場面か，収穫場面かで全く意味の違う資料となります。

◎写真資料の基本的な見取り方

　写真資料は，学習には関係のない余分な内容まで入っている場合があるので切り取り方が大切です。これに対して絵は，意図的に見せたいものだけを表現できるという良さがありますが，リアリティーに欠けるという点も指摘できます。

①何という人でしょう。

②何をしているのでしょう。

③どこの様子でしょう。

④いつのことでしょう。

⑤近くと遠く（全体と部分）を見取りましょう。

⑥なぜこのようなことをしているのでしょう。

⑦この人は何を思って仕事をしているのでしょう。

資料を詳しく読み取らせる

こんな子どうします？

◎細部を見ずにすぐにわかったつもりになる子

　上記の①～⑦の発問をしてみるなど，1枚の写真を1時間かけて，様々な角度から徹底的に読み取る訓練をすることも大切です。

ある先生にこう言われました

◎「写真資料ほど客観的な資料はないよ。事実が写っているからね！」

　写真の場合は，事実が写っているのですべてが真実と思われがちですが，撮った人物の意図が隠されていることを見抜かなければなりません。例えば，煙の出ている工場の前で，風邪をひいていてマスクをしている子どもの写真を提示すると，多くの子どもは，工場からの煙で子どもがぜんそくになったのかもしれないととらえてしまいます。このように写真資料は，リアリティーがあるので注意して取り扱い，一面的な見方から撮られた写真ではないのか吟味し，先入観を抱かせることのないようにしなければなりません。

　特にインターネット上の写真には，修正や合成など加工されたものがあるので，注意が必要です。そのためには，写真の年代や出典をしっかりと把握し，著作権にも気をつけたいものです。インターネットから勝手に写真を取り出し使うことは，著作権にふれる場合があるので注意しましょう。

なるほど，
そう誤解
しそうだね！

フレッシュ先生が陥りやすい「落とし穴」

◎「2枚以上の写真を比較させるときに注意することは？」

　社会科の授業では，比較して見せたり，変化をとらえさせたりするのに写真資料が効果的です。その場合に大切なのは，比較の視点をしっかりともって見させることです。どうしてそんなに違うのか，違いを生み出した社会的・歴史的背景は何かを考えさせながら見させることが大切です。

　例えば，江戸時代と明治時代の銀座を比較させるとします。比較させる視点は，家のつくり，周囲の様子，人々の服装，乗り物などです。「たった20年でこんなにも違うのはなぜだろう」と考えさせます。違うのはそれなりの意味や時代的背景があるのです。変化の視点をもって見させましょう。また，昔と今の写真との間にはどんなことがあったかと想像させる学習も考えを引き出す上で効果的です。

　写真資料は，リアリティーがあり効果的なものです。細部まで読み取らせたり，比較をさせたり，関連させたりして，その意味や時代的背景などを読み取らせましょう。写真資料は真実が表されているかは吟味が必要です。

30 絵図を使いこなすためには どうすればよいのですか？

ここがポイント

◎絵図をしっかりと読み取らせる

①全体像を読み取らせる……何の場面か。どのようなことがわかるか。どうしてこのような状態になっているのか。ここにいる人はどんな気持ちでいるのか。不思議に思ったことはないか。などを問いかけます。

②細部を読み取らせる……この人はどうしてこのような動きをしているのか。この人は何を思っているのか。何と言っているのか。このような場合はふきだしを使って表現させると効果的です。例えば，6年生の歴史的学習

細かい読み取りが大切ね

で「ノルマントン号事件」の絵図を扱う場合，「今，ノルマントン号が沈み，日本人の乗客が海に投げ出されている」「イギリス船員はみんな小型ボートに乗り移って腕組みしている」場面に注目させ，不平等条約でイギリスの船員は軽い罪ですんだのに日本人が不利な立場にあったことと，人々は「どうして助けてくれないのか」と叫んでいることなどに気付かせましょう。

◎絵図に描かれていない部分も想像させる

絵図に描かれている部分の左右前後に何があるのかを考えさせます。ノルマントン号事件の絵図では，周囲の海には多くの人が浮いているかもしれません。また，他の救助船もいるかもしれません。

歴史的な資料の絵図では，そのときの前後をイメージさせることも大切です。この

絵図を見て考えましょう

20分前は「船が傾いて大騒ぎになっている」「日本人乗客とイギリス人船員で救助ボートの奪い合いが起きている」などと子どもたちは想像します。20分後は「海が冷たく日本人はほとんど息絶えていた」「他の船が助けにきたが日本人はほとんど助からなかった」というように子どもたちにイメージをもたせることが大切です。

◎「関係図」にまとめる

　文章でまとめるより，図式化した方がわか
りやすいこともあります。右のような関係図
を活用したり，ウェビングマップなどを書か
せて，表現させて，考えさせたりまとめさせ
たりする方法も活用しましょう。

　そして，子どもがこれらの関係図を説明で
きるようにすることが大切です。

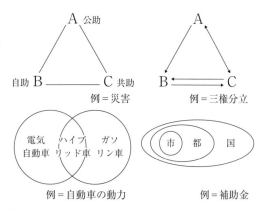

こんな子どうします？

◎絵図を読み取るのにすぐ飽きてしまう子
・一部を隠して見せて何が書いてあるか予測させる
・あえて違う点を作っておいて間違い探しをさせる
・絵図の中の人物にふきだしをつけて何を言っているか書かせる
・絵図の中にある矛盾を指摘して，そのわけを考えさせる　　　など

ある先生にこう言われました

◎「絵図は拡大コピーするといいよ！」

　線や文字や表を含んでいるものについては，教室の後ろからでは見えないなどの問題が
生じる場合もあります。実物投影機やデジタル教科書なども活用しましょう。

フレッシュ先生が陥りやすい「落とし穴」

◎「変化や背景について考えさせるとは？」

　数枚の絵図パネルを使って，変化の様子や変化を生み出した背景を考えさせます。例え
ば「市のうつりかわり」では，交通・人口・土地利用・公共施設・生活の道具などがどう
変化してきたか，そのように変化したわけと人々のくらしへの影響について考えさせます。

　絵図は，子どもにとって効果的な教材で，全体や細部を読み取らせたり，比較させたり
関連させたり，変化に気付かせたり，背景を考え表現させることにより，思考力・判断
力・表現力を高めることができます。また，「関係図」でまとめる方法も効果的です。

31　統計資料はどのように読み取らせればよいのですか？

ここがポイント

◎統計資料は難解

　統計を，そのままの形で資料として使う例は，小学校の社会科ではそれほど多くはありません。しかし，数字がそのままの形で出されている統計資料を読み取ることは子どもにとっては難しいので，次のようにするとわかりやすくなります。

　①タイトル・縦と横の枠が表すものを正しく読み取る（読み取り）

　②分類したり集計したり，ときにはグラフに加工したりする（分類・整理・加工）

　③そのような特徴が見られるわけを考える（分析・解釈）

　④統計の前後の変化も予測する（活用・予測）

◎加工して細かく読み取る

　統計資料が難しい場合には，右のようにグラフ化します。すると「自動車の国内生産台数は1990年をピークに下降し1000万台付近で横ばいの状態です。しかし，海外での生産は年々増えている」という事実や変化の傾向が読み取れます。

　次に，そのような変化が表れたわけについて考えさせます。「自動車の輸出量が増えすぎて，外国から苦情が出たので現地での生産を増やしたのではないか」「国内より海外で作ったほうが，安い賃金で働く人を雇

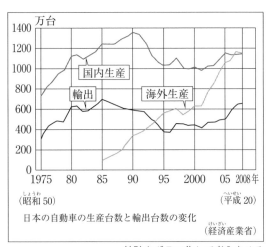

日本の自動車の生産台数と輸出台数の変化
（経済産業省）

統計をグラフ化して考えさせる

えるからではないか」「外国の人の仕事をつくったり，その国の材料や部品を使うことでその国のためにもなるのではないか」などの考えが出てきます。

　最後に，統計の前後の変化も予測してみましょう。1975年以前は国内生産も輸出ももっと低かったことが予想されます。また，今後も国内生産は横ばいですが，海外生産は人口の多い国や賃金が安い国を中心に増えていくことも予測できます。

こんな子どうします？

◎数字を見ただけで読み取ろうとしない子

　数字を見ただけで読み取る意欲を失う子がいます。その場合には，次のようにスモールステップでとらえさせましょう。

　　・十の位（百の位）が同一のものなどに印をつけて考えさせる（右の例では水あげ量 20 万トン以上，生産額 200 億円以上を○で囲んでいる）

　　・増減に傾斜を示す矢印をつけさせて考えさせる

　　・棒グラフや折れ線グラフを描かせて考えさせる　など

水あげの多い漁港
2005 年（平成 17 年）
〔平成17年　産地水産物流通調査結果の概要〕

港	水あげ量 （万トン）	生産額 （億円）
焼津（やいづ）	㉒22.9	㊏386
銚子（ちょうし）	㉑21.5	183
石巻（いしのまき）	15.8	172
八戸（はちのへ）	14.9	㉓238
釧路（くしろ）	11.9	132
気仙沼（けせんぬま）	11.6	196
松浦（まつうら）	9.4	125
境（さかい）	9.3	164
波崎（なみさき）	9.0	26
枕崎（まくらざき）	8.3	77

〔農林水産省しらべ〕

ある先生にこう言われました

◎「統計資料は小学校では難しいから扱わないほうがいいよ！」

　生の数字を使うものはほとんど出てきませんが，小学生でも算数科と関連させたりグラフ化したりして，一応は読み取れるようにしたいものです。

フレッシュ先生が陥りやすい「落とし穴」

◎統計は真実を語っているとは限らない

　統計は単位の取り方や作られた年により，作成者の意図が働く資料です。単位を小さく（mg，g）すると，すごく大きな数字として感じられます。一方，単位を大きく（kg，t）すると，さほど大きく感じられないなどのイメージが作られやすくなります。

　また，統計を作成した年と，データとして使用した年もずれることがあります。このため古いデータをもとに考えさせたりすることになる場合もあることを認識する必要があります。教科書や資料集では，できる限り最新の統計データに更新していますが，社会の変化が激しく，必ず追いついているとは言えないので注意が必要です。

　統計資料は，小学生にとっては難解なものが多くあります。一般的にはグラフや表にして提示されます。スモールステップで読み取らせるとともに，単位や作成された年などに注意して使用したいものです。

32　グラフはどのように使いこなせばよいのですか？

ここがポイント

◎グラフを読み取る手順

　グラフの読み取り能力は，資料活用能力として欠かすことのできない能力の一つです。算数科の学習とも関連させて，効果的な読み取りができるようにさせることが大切です。

①何を表しているグラフか，表題をとらえる。

②縦軸・横軸の表すものや単位をとらえる。

③全体的にデータの傾向を読み取る。

④細部を見てデータの変化をとらえる。

⑤そのような変化が見られるわけを考える。

⑥グラフに表されていない前後も予測する。

　全体の傾向が増えていることをつかませて終

グラフを読み取る

わり，という指導もたまに見られます。でも，よく見てみるとなぜ全体的には増えているのにある年だけ減っているのかと細かく読み取らせたり，そのわけを考えさせたりして，資料をもとに裏付けすることが大切です。

こんな子どうします？

◎グラフというと「わからない」と投げ出す子

　子どもを集中させるグラフ提示の仕方を工夫しましょう。

クイズのようにするのかあ

①一部を隠して予想させる→あえて数年間を隠しておき，その間の変化を，理由や根拠をもとに予想させます。

②変化を強調する提示の仕方をする→急な増減を印象づけるために，グラフの変化の大きくなる部分を隠しておき，一気に表示します。

③グラフの前後を予測させる→未来や過去を理由や根拠をもとに予測させます。

ある先生にこう言われました

◎「中学年でも円グラフが一番わかりやすいよ！」

　社会科では，中学年では棒グラフを中心に指導します。そのわけは，百分率を使って割合を表現する円グラフや帯グラフは算数では5年生の学習内容だからです。

フレッシュ先生が陥りやすい「落とし穴」

◎陥りやすい誤認とは？

(1) 破れグラフにごまかされないように

　部分を強調したいグラフの場合，まれに途中を抜いたもの（破れグラフ）があります。すごく増減したように誤認しがちなので，できるだけ破れグラフの使用は避けましょう。

日本の耕地面積の変化

（農林水産統計速報など）

万 ha

471 万 ha

1985　90　95　2004 年

使用を避けたい破れグラフの例

(2) 2つのものを1枚で表したグラフ

　雨温図のように，2つのデータをあわせて表現したグラフもあります。

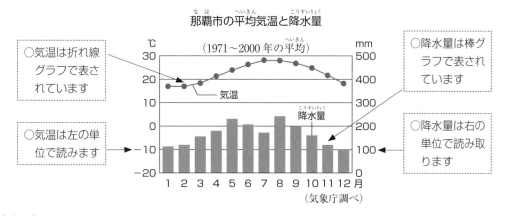

那覇市の平均気温と降水量

○気温は折れ線グラフで表されています

○気温は左の単位で読みます

○降水量は棒グラフで表されています

○降水量は右の単位で読み取ります

（1971〜2000年の平均）

気温

降水量

1 2 3 4 5 6 7 8 9 10 11 12 月

（気象庁調べ）

(3) グラフの年に注意しましょう

　異なる年のグラフは比較しても事実と異なってしまうことがあります。

　グラフは社会科の授業では欠かせないものですが，読み方ばかりを強調すると算数科の学習になってしまいます。表題や単位，読み方などに気をつけさせ，子どもにグラフから社会的事象の変化の様子や，そのように変化したわけを考えさせることが大切です。

33 模型はどのように使ったらよいのですか？

ここがポイント

◎全体をイメージするためには効果的な資料

　印刷物ではとらえにくいものでも，模型で表すと全体像や細部のイメージをつかみやすくなります。土地の高低や，大きさ，広さ，全体像などをとらえさせる上では特に効果的です。市販されている模型だけではなく，発泡スチロール等の素材で自作の模型も作成して，整理して資料室などに保管して活用したいものです。

手ざわりはざらざらしているのね

◎土地の高低をイメージさせる模型

　印刷物では，縦横のイメージはかなり具体的にイメージできても，高低についてはイメージしにくいものです。例えば，盆地を理解させたいときに，地図を見せて説明したり，盆地の写真を提示しても，子どもは容易にイメージがつかめません。ところが，立体模型を使って見せると一目瞭然に，お盆の底のようなイメージがつかめます。また，用水を引いた人々の努力をつかませる際に立体模型を使うと，高低差をうまく使って用水を引こうとしたことが手に取るようにわかります。最近の立体模型の中にはプラスチックで作られたものもあり，これにじょうろで水をかけると，水の流れを確認するなどの実験をすることもできます。

こんな子どうします？

◎自動車ができるまでが今ひとつイメージできない子

　自動車ができるまでのような製造工程をとらえさせるものについては，例えばプラモデルなども使えます。

プラモデルを調べて考えるなんてわくわくするね！

ある先生にこう言われました

◎「模型はこわれやすいから見るだけにしたいね！」

　土器やはにわなどの復元模型では，大きさや容積だけではなく，さわってみて質感や微妙な色合いをイメージさせることが大切です。見ているだけでは学習効果は半減します。子どもは，「なぜ，こんなに肉厚なのだろう。これでは重くて使いにくいのではないか」などと次々に問いをもつことができます。そして「このころは高い熱で土器を焼く技術がなかった。そのために薄い土器では壊れやすく，厚く作ったので重くなってしまった」ことをとらえることができます。

フレッシュ先生が陥りやすい「落とし穴」

◎ロシアはすごく広いというのは本当か？

　地球は，球形をしているため，平面に表した地図では両極に近い場所の形が大きく変形し，子どもに間違ったイメージをもたせる心配があります。地球儀は，より現実に近い地球や国土や海洋のイメージを子どもたちにとらえさせることができます。北が上という固定観念をもたせないためにボール状のものや，個人持ちの小さな地球儀や，ホワイトボードのように書いたり消したりすることができる地球儀もあります。

◎内部を見せたい場合は？

　古墳の模型で，上の部分をとりはずすと内部の石棺が現れ，どのように埋葬されていたか調べることができます。スケルトンになっている模型を使えば，構造物の内部や裏側なども簡単にとらえることができます。寝殿造りや，武士の館など，建物や土地などの一定の空間をそのままの模型で表現したジオラマが効果的です。

◎難しい説明をわかりやすくするには？

　例えば，江戸時代の用水のサイホンの仕組みを説明するときには，サイホンの模型を使うと一目瞭然に水が上がる仕組みを理解できます。理科でいえば実験をしているのと類似の効果が得られます。木目込みの技術を説明するためには，小さな箱に木目込みの作業をして，実際のやり方を理解するなどの体験ができる模型もあります。

> 　模型は，全体や細部のイメージがしにくい子どもにとって，比較的容易にイメージ化できる教材です。ものの質感，色合い，形，大きさ，広さ，全体像などをとらえさせる上では特に効果的です。

34 社会科資料集は どのように使ったらよいのですか？

ここがポイント

◎ 資料集を使うよさは

資料集は，直接見学や体験ができない内容について調べるためには効果的です。

・教科書では小さな資料が，資料集では大きく提示されている

・教科書では不足する補助的な資料が資料集にはのせられている

・図解や絵，用語などが子どもにわかりやすく解説されている

・特集など様々な発展的教材や興味・関心を引く補助教材がのせられている

・県別・人物カードなどのグッズも添付されており，切り取ったりして楽しみながら学習できる

・子どもが自分で学習するときに参考にできる資料がのっている

◎ 社会科資料集の活用方法は

全員が同じものを持っていることが原則です。あえて学級内でいろいろな出版社の資料集を買わせている学校もありますが，公費ならともかく個人持ちの資料としては，指導をする上からも，学習の公平性の視点からも，同じものを購入するほうが好ましいです。資料集は，授業中に事典や参考書のように使うことのほかに，予習・復習などにも使うことができます。事典のように索引から内容を調べることもできます。

(1) 写真や絵などの中心的な大きな資料を活用する

中心的な資料が大きく取り上げられている場合が多くあります。そこで，細かい部分まで読み取らせる場合などに使用したいものです。大きな１枚の絵を教室で見るより，机上で細かく観察できる資料のほうが，より正確に調べられます。

(2) 調べる学習の資料として活用する

調べる問題に沿って，子どもが資料を収集していくときに利用します。比較的新しい資料が精選されてのせられているので，時間的な差異が少な

むらの様子はこんなふうなんだ

いことが多いのです。友達が調べた資料を後から自分でも確認できるので，検証の場面でも使えます。

こんな子どうします？

◎資料集を見るのをめんどうくさがる子

　クイズ形式にして，絵や写真の中から人やものを発見させる活動をすると，細部まで資料を見取る楽しさを身に付けられます。

ある先生にこう言われました

いろんな資料が使えるわ

◎「社会科の指導は教科書と地図帳があれば十分だよ！」

　子どもたちに主体的な追究を促すためには，事典や資料集，地球儀，年表，地図帳，白地図なども活用したいものです。

フレッシュ先生が陥りやすい「落とし穴」

◎「うちの学校の教科書と事例地が違うんですけれど…」

　社会科の教科書では，出版社により扱っている事例地が違います。資料集はどの会社の教科書にもあてはまるように作ってあるので，他の事例地について調べて比較したい場合にも役立ちます。資料集は，たとえ事例地が違ってもこの単元で定着させなければならない基礎的・基本的内容については網羅されています。

◎「教科書の資料で十分ではありませんか？」

　新聞やパンフレット，絵本などを作る際に切り取ったり，コピーして切り取るなどの活用方法もあります。教科書を切ってしまうと学習上支障が生じますが，資料集だとある程度の自由がききます。また，資料集の写真は教科書より大きな場合が多いので，絵・図・グラフ・地図などに説明を書かせることもできます。また，教科書の内容から発展したトピック的なことがらも記されているので，社会科の興味・関心を高める上で効果的です。

　社会科資料集は，ワイドな写真や，教科書では不足する補助的な資料，絵図や用語解説などが，子どもにわかりやすくのせられています。また，発展的教材ものせられており，比較的安価でまとまった資料が手に入ります。

35 ICT はどのように活用したらよいのですか？

ここがポイント

◎ICT の活用

ICT 機器は，多くの学校で使われています。特に社会科では，資料や教材については有効なツールです。

①電子黒板として使う

ホワイトボードにイメージスキャナ，プリンターなどを備えた機器で，書かれた文字や絵図をプリンターに出すことができます。例えば，電子白地図に色を塗らせたり，年代による移り

変わりを地図上で表現したりするなどの教材として使用したりできます。また，子どもたちの考えを一覧にして印刷したりすることもできます。

さらに，最近では，パソコンや DVD 映像を表示する以外にも，画面上にタッチして書き込めるようなものも普及しています。社会科では，実物投影機の代用として動画や写真を表示したり，タッチペンで画面の上に書き込み，説明に使ったりすることもできます。

②デジタルコンテンツを使う

デジタル教科書をはじめ，様々なデジタルコンテンツを使った教材を活用することができます。また，NHK で教育テレビのコンテンツも無料公開されており，短時間で社会科の内容についてとらえさせるためには効果的です。

③グーグルマップなどの活用

地図をズームアップしたり，ズームインするなど自在に縮尺を変えてみることができます。また，グーグルマップなどを使って，世界各地の都市や文化遺産の街並みをストリートビューで見たりすることもできます。

◎ICT はあくまでツール

ICT は様々な映像や音声，データなどを効果的に表示することができます。しかし，操作にばかり時間がとられると，肝心な社会科の内容がおろそかになる心配もあります。あ

くまで，ICT はツールとして，効果的な場面に使うべきです。

◎ パソコンの様々な機能を効果的に使う

　最近では子ども一人一人がタブレット端末を使う場面も多く見られます。多くの機能を効果的に使えるように教師が指導することが大切です。

　①ワープロ……社会科では，レポート作成のようなときに使う文字打ち機能です。ローマ字入力が主流なのでローマ字を覚える練習としても効果的です。

　②検索と調べもの……社会科では一番使う機能です。ただし，大人の検索サイトからだと難しい用語も多く，なかなか子どもにとっては調べにくいようです。子ども向けの検索サイトなどを利用すると比較的まとを絞った使い方ができます。

　③表化・グラフ・計算……調べたことや統計などを表化・グラフ・計算などで表す機能です。社会科ではパーセント（百分比）を出してグラフ化したりするときに使います。

　④メールによる調査……外部の人に対して取材などで使います。ただし，子どもだけで外部の人に直接メールを出すのは危険なので必ず教師や大人を通します。

　⑤プレゼンテーション……いわゆるプレゼンテーションで発表したりするための機能で，子どもの力で作成することも可能です。

　⑥ホームページを作る……最近は子どもでも社会科に関係したホームページを作れるようなソフトもあります。ただし，著作権や肖像権にふれる可能性や個人情報の流布，人権の問題にふれる可能性もあるので，必ず教師のもとで作成させましょう。

◎ ネチケットはどう指導すればいいですか？

　(1)　ホームページを見るときやメールをするときは，必ず大人の許可をもらう。

　(2)　自分だけでプログラムのダウンロードをしない。

　(3)　有害なページや誹謗中傷のページは見ない。

　(4)　子どもだけでブログや掲示板に書き込まない。

ネチケットのことだね

　(5)　自分や友達の名前，住所，電話番号，生年月日は書き込まない。

　(6)　他の人をばかにしたり，見下すような内容は書かない。

　(7)　メールやホームページに自分や友達の写真や作品を勝手にのせない。

　(8)　他人が作ったホームページの作品や文章，アニメや写真を勝手に使用しない。

こんな子どうします？

◎ 映像を見ただけでわかったつもりになる子

　働く人の話が音声付きで聞けたり，動かない写真が動き，ものの変化や生産過程を容易に理解できるのはデジタル教材の強みです。しかし，それですべてわかったような気持ち

になってしまうことは危険です。例えば映像にしても，その映像を切り取っている人の意図があります。映像が必ずしもすべての真実を表しているわけではなく，観察や調査・体験活動は今後も大切な活動であることに変わりありません。

◎何でもすぐコピー&ペイストする子

　無断でホームページを「コピー&ペイスト」することは著作権法違反であり，よく理解していないことを書き写しても調べたことにはなりません。ホームページに書かれていることを読んで整理したり再構成したりして自分の言葉で書き直させましょう。また，出典を明らかに記しておくことも大切です。

ある先生にこう言われました

◎「パソコンは子どもたちが喜ぶから積極的に取り上げたいね！」

　パソコンの技術がどれほど効果的なのかの検証がないまま使われる危険もあります。今までの教材より動きがよく見えるとか，臨場感が違うとか，シミュレーションをしてみることができるなどの効果が見られる場合に活用しましょう。

フレッシュ先生が陥りやすい「落とし穴」

◎コンテンツを使うことが目的ですか？

　ICTに共通している課題が，機器の操作や使い方の習得に多くの時間と労力がとられることです。カードや黒板，模造紙などのアナログの方が，早くて効率的であるというものもないわけでもありません。プレゼンテーションソフトによるプレゼンが今は盛んですが，模造紙での発表の方が有効的な場面もあります。例えば，数人を相手にものの仕組みなどを説明するときに，大がかりなパソコンやプロジェクターは不要です。また，プレゼンテーションソフトによる映像は次々に消えてしまうため，かえって全体像が把握しにくいという場面もあります。

◎「社会科授業で有効なデジタルコンテンツとはどんなものでしょう？」

　①写真だけではなく動きや変化を表現できる。

　②物が出来る様子などを再現できる。

　③ものごとを見る角度や視点を変えられる。

　④音が出ないものから音が出る。

　⑤計算や作図，グラフづくりなどが画面上でできる。

いろいろ楽しい工夫ができそうね

⑥間違いを修正して作り上げていくことができる。

⑦高い所や観察するのには危険な所，微細な部分などを調べることができる。

⑧過去や未来を推測するような画面も見られる。

⑨仮想現実についてイメージすることができる。

◎「パソコンで調べましょう」は禁句？

　教師が「○○についてパソコンで調べましょう」と指示する場面が多く見られます。これは，不適切な指示です。なぜなら「○○について本で調べましょう」と言っても，それは学校図書室の本か，せいぜい市内の公立図書館の本の範囲で限界があり，それほど子どもにとって有害な情報や不正確なものはありません。しかし，パソコンの場合では不正確な情報や有害の情報の中から調べなさいというのも同然です。

　もし，パソコンで調べさせるのなら，子ども向けの検索サイトを利用させたり，あらかじめ教師がパソコンのサイトを教材研究して，子どもの調べ学習にとって有益で正確なサイトを紹介するなどの点に留意する必要があります。

◎児童一人一人が活用するICT

　ICT活用については，未だに教師が電子黒板を使って，絵図・写真・動画などの資料を提示する形の利用法が主流のようです。しかし，これからは児童一人一人がタブレット端末をもって，パソコン室に行くのではなく，学校内ならどこでもICTを活用した学びができるようにすることが求められます。

　（1）受信

　　①資料・情報を収集し調べるために活用する。

　　②分類，整理のように加工したり，まとめたりするために活用する。

　（2）発信

　　①調べたことを表現・発信するために活用する。

　　②自分の考えを友達に向けて表現する。

　（3）交流

　　①友達の意見や考えを共有する。

　　②自分と友達との考えを比較し，議論する。

　ICTは，これからの社会科には欠かせないツールです。しかし，大切なことは，どのような目的でどのような場面で使うのが効果的なのか，よく吟味することです。間違ってもネットに丸投げするような指導は避け，出典や著作権に注意させるとともに，子どもに有益なサイトを紹介したり，ネチケットの指導も徹底した上で効果的に利用させましょう。

36 ▶ デジタル教科書は どのように使えばよいのですか？

ここがポイント

◎ 教科書の代用としてのデジタル教科書

　デジタル教科書は，2018 年（平成 30 年）に紙の教科書と併用して使用することが認められました。特に視覚障害や発達障害の児童は全教育課程での利用が可能になりました。ただし，ここでいうデジタル教科書とは，文部科学省の検定を通った紙の教科書のデジタル版のことであり，拡大・縮小・音声の読み上げなどの機能に限ったもののことです。

デジタル教科書を使う

◎ 多用途の機能をもったデジタル教科書

　教科書会社は，単に紙のデジタル版のデジタル教科書ではなく，動画を挿入したり，資料を徐々に表示したり，並べ替えたり，角度を変えて見えるようにするなど，多用途の機能をもったデジタル教科書も有償で販売しています。多用途のデジタル教科書を使うと，拡大や縮尺だけではなく，次のようなこともできます。

　①教科書にある写真や資料以外の，関連したものの写真や資料も提示できる。

　②教科書に出てくる場面や人物の話を動画として音声とともに見たり聞いたりできる。

　③グラフや資料などを徐々に出したり，並べ替えたり，加工したりできる。

　④本文や資料の一部を隠したり，学年に応じたふりがなを付けることなどもできる。

　⑤教科書の紙面レイアウトそのものを作り変えたりして子どもに提示できる。

◎ 子ども個人がタブレット端末で使うデジタル教科書

　教師が指導に使うデジタル教科書だけではなく，子どもがタブレットなどの個人用のデジタル端末をもって，適宜デジタル教科書を使えるようなものも普及が進んでいます。これを使うと，一人一人が適宜教科書を使って学習したり，自分の考えを打ち込んだり，自分の進度に合わせた学習もできるようになります。

　しかし，児童全員のタブレットをそろえるのには，価格が高いことや，破損した場合の取り扱いの問題などで，全国に普及するまでには課題があります。

こんな子どうします？

◎タブレット端末の操作に苦手意識のある子

　「習うより慣れろ」という言葉があてはまります。社会科だけではなく他教科でもデジタル教科書を使った授業を日ごろから積み上げて，できるだけ子どもに操作させる場面を多くつくることが大切です。

ある先生にこう言われました

◎「何でもデジタル教科書があれば簡単に指導できるね」

　何でもデジタル教科書で済ませるのは無理です。例えば，二つの時代の様子を比べる場合に，モニター画面に交互に映すか，分割して左右に示すという方法がとられます。しかし，

それなら紙ベースの大きな写真を2枚並べた方が比較しやすいこともあります。つまり，場面に応じて適切に使用することが求められます。

フレッシュ先生が陥りやすい「落とし穴」

◎デジタル教科書の世界をすべて信じてしまう？

　例えば，農家の人の話が映像と音声でデジタル教科書から流れてくると，それが日本の農家の姿と信じてしまうことがあります。そして，体験したり，観察や調査に出かけることは不必要と考えたりすると逆効果です。事例地が遠くて観察や調査をしにくい場所や人，危険があって見学できない場所を見られるなどという良さを生かす使い方が大切です。

◎今後のデジタル教科書の発展的な使い方

①個の学びだけではなく，対話的な学びにも活用します。具体的には，友達と自分の考えを画面上で比較したり，新たな考えを生み出しまとめたりすることもできます。

②学校だけで完結するのではなく，家庭や地域に持ち出して調査や予習，復習などに活用することもできます。

　デジタル教科書は，観察や調査，資料活用などが必要な社会科授業においては効果的な学習のツールです。様々な機能を効果的に使えるようにしましょう。

37　社会科の評価はどのように行えばよいのですか？

ここがポイント

◎評価とは，学習したこと（資質・能力）が定着しているかどうかを測定すること

テストなどで数値化した場合には評定といいます。評価の目的は，

①子どもの学習内容の定着度を明らかにする

②子ども自身が自分の定着していないところがわかり復習するよりどころとする

③教師が自らの指導についての反省材料として次の指導に役立てる　など

自分の考えを図で表現する

◎評価の観点と評価規準（ここまで達してほしいというレベル）

社会科では他教科と同じく３観点で評価します。

※（例）４年生の「わたしたちのくらしとごみ」の単元の評価規準

ア　知識・技能	イ　思考・判断・表現	ウ　主体的に学習に取り組む態度
○ごみの処理の事業は私たちの毎日の生活にかかすことのできないものであり，計画的に集められ処理されていることをとらえ，ごみを減らしたり再利用したりすることが環境を守ることにつながることを理解している。	○ごみ処理の事業の仕組みや再利用，そこで働く人の工夫や努力，県内外の人々の協力などに着目してごみの処理のための事業の様子を捉え，その事業の果たす役割を考え表現している。	○身の回りのごみ処理の事業に関心をもち，処理の仕方や再利用について主体的に問題解決しようとしたり，ごみを減らすために自分にできることを実生活の中でもしようとしている。

◎指導と評価の一体化

評価はその妥当性・信頼性から見て，指導と評価が一体化していないと適切とは言えま

せん。つまり，授業で扱った内容とは全く別のペーパーテストをしたのでは適切な評価とは言えません。授業は3観点を意識して行われているのですから，当然，評価も3観点から行われ，評定も3観点で通知されるのが適切です。さらに評価で今ひとつとされたものについては，その改善策がとられなければ指導と評価が一体化していることにはなりません。基礎的・基本的知識や理解が不十分なら，再度学習内容に関する復習が必要となります。

◎学習活動の評価

①診断的評価（学習前）

学習意欲や既有知識を評価し，その後の指導に生かします。

②形成的評価（学習中）

観点を定め達成したかどうかを評価し，改善に生かします。テストをしなくても，挙手させたり書かせたりすることで達成の度合いがわかります。

③総括的評価（学習後）

学習目標が達成したかをふり返り，評価基準に基づき評価します。内容の評価，学習方法の評価などがあります。

こんな子どうします？

◎市販のペーパーテストの点にこだわりすぎる親子へ

評価方法として，テストだけではなく，ノートの記述・レポート・作品・発言などを総合的に評価していることを伝えるとともに，観点別評価規準を知らせましょう。

資料からわかったことを表現する

〔観点別評価規準〕

（ア）知識・技能

・社会的事象について必要な資料や情報を集めて読み取り，その様子を具体的に理解している。

・調べたことや白地図，年表，関係図等にまとめたことを基に考え，社会的事象の意味や特色を理解している。

いろいろな方法を使って評価しているのね

（イ）思考・判断・表現

・社会の仕組みや人々の様子などに着目し，問いを見い出し，その特色や相互の関連，意味について考え表現している。

・社会の仕組みや人々の様子などについて比較・関連付け，総合などしてその意味について考えたり，学習したことを基に社会への関わり方を選択・判断したりして表現し

たりしている。

（ウ）主体的に学習に取り組む態度

　　・社会的事象について，予想や学習計画を立てたり，見直したりして，主体的に学習問
　　　題を追究し，解決しようとしている。（主体的に問題解決しようとする態度）

　　・よりよい社会について考え，学習したことを社会生活に生かそうとしている。（社会的態度）

資料からわかったことを表現する

ある先生にこう言われました

◎「3観点の評価は，市販テストだけで十分できるよ！」

　市販テストには3観点が表示されています
が，それ以外の方法も工夫しましょう。例え
ば，ノート，ワークシート，作品，レポート，
発言，質問紙なども使って評価しましょう。

　なお，ペーパーテストは一般的には，学習
の最後に総括的評価として行われるものなの
で，授業の途中で評価観点を設定して行う形
成的評価が大切です。

意欲的に観察・調査しているか

フレッシュ先生が陥りやすい「落とし穴」

◎「評価は指導者だけがするとは限らないのですか？」

　①自己評価→自分で自分のことを評価することです。自己評価が甘いと，自己の学習が
　　高まりません。

②相互評価→友達同士で評価することです。友達のよさを評価し，自分の学習に生かすことが望まれます。教師が，その児童が友達のどこをどう評価したのかを，さらに評価することもできます。

◎「ＡＢＣに分ける評価基準はどうつくればよいのですか？」

　児童個々によるレベルを分けたものが評価基準です。例えば，Ａは十分達したもの，Ｂはおおよそ達したもの，Ｃは今ひとつ達していないもの，となります。

４年生の「わたしたちのくらしとごみ」の単元の評価基準（例）

ア　知識・技能	イ　思考・判断・表現	ウ　主体的に学習に取り組む態度
Ａ　ごみ処理の事業は計画的・協力的に集められ処理されていることをとらえ，ごみの減量や再利用の必要性について理解している。	Ａ　ごみ処理の事業の仕組みや再利用，そこで働く人の工夫や努力，県内外の人々の協力などについて調べ，その事業の果たす役割を考え表現している。	Ａ　身の回りのごみ処理の事業や処理の仕方や再利用について進んで調べ，ごみ減量のために自分にできることに協力しようとしている。
Ｂ　ごみは計画的・協力的に集められ処理されていることをとらえ，ごみの再利用を理解している。	Ｂ　ごみ処理の事業の仕組みや再利用，そこで働く人の工夫や努力，県内外の人々の協力などについて考えている。	Ｂ　ごみ処理の事業や処理の仕方や再利用について調べ，ごみの減量の必要性を指摘しようとしている。
Ｃ　ごみ集めの計画性について気づかず，ごみの減量の必要性を理解していない。	Ｃ　ごみ処理の事業の仕組みや再利用，県内外の人々の協力などについて指摘できない。	Ｃ　ごみ処理の事業や再利用について関心がもてない。

◎「絶対評価と相対評価とは何ですか？」

　①絶対評価→評価基準に照らし合わせて評価することです。この場合，学級内でのＡＢＣ等のランクの割合は決まっていません。

　②相対評価→学級など一定の集団の中で分布率を定めて評価することです。この場合，学級内でのＡＢＣ等のランクの割合が決まっています。

　「知識・技能」「思考・判断・表現」「主体的に学習に取り組む態度」の３観点に沿って妥当性，信頼性が得られる評価をせばなりません。具体的にはノート，ワークシート，カード，作品，レポート，ペーパーテスト，発言などから評価します。

38 見学カードづくりは どのように進めればよいのですか？

ここがポイント

◎評価にも使える見学カード

　見学カードは，観察や見学，調査など
の記録を残すためのものです。子どもに
とっては，学習や活動についてのまとめ
をする意味があり，教師にとっては評価
のための資料ともなります。

◎何に着目して見学カードを書かせるか

　見学は文字通り意図的に「見て学ぶ」
ことであり，「ぼーっ」と見ているのとは
違います。例えば，公園へ見学に行って

真剣に見学カードを書く

も，公園にある施設を見てくるのか，公園に来ている人を見てくるのか，公園の施設を管
理している人を見てくるのかによって得られる結果は大きく異なります。教師はその単元
のねらいが達成できるように意図して見学カードに記録させましょう。

◎「もの」「人」「こと」に着目

　①「もの」は動かないので，比較的見学・観察が容易で，そのものを記録します。

　②「人」については，動くので一定の時間，見学・観察をさせる必要があります。そし
　　て「服装」「動き」「手つき」「表情」などを見学カードに絵や文で記録させます。例え
　　ば，工場で働く人を見学・観察したら，仕事をしているときの「手つき」から仕事の
　　意味がわかります。作業をする真剣な「表情」から仕事に対する意気込みが，「動き」
　　から仕事の果たしている意味がわかります。

　③「こと」については，様々なものを見学・観察する中で，ものとものや，人ともの，
　　人と人とのかかわり合いの意味が見えてくるものを指しています。先の例では，「汚れ
　　たり，けがをしないように服装に気をつけていること」「早く仕事をするためにさっさ
　　と手を動かしていること」などを記録させます。

102

こんな子どうします？

◎数字にだけこだわって見学をする子

　子どもが数字にこだわるのは自然なことです。しかし，あまり数字ばかりにこだわっても意味のないものもあります。教師が単元のねらいをふまえて見方・考え方を活用して広めたり深めたりすることが大切です。

ある先生にこう言われました

◎「見学カードはいらないよ。ノートでたくさんだよ！」

　見学カードは必ず作らなければならないものではありません。しかし，ノートだと分厚くなったり，紙が薄くて記録しにくいなどの場合は見学カードを工夫します。

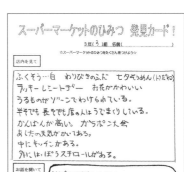

フレッシュ先生が陥りやすい「落とし穴」

◎「見学カードはどう作りますか？」

　①見学した日時，場所，インタビューした人の名前などを書く。

　②見たものについて絵や文で記録する。

　③聞いたことについて文で記録する。

　④自分の感想や疑問などを書く。

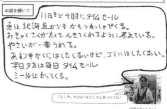

見学カードの例

◎「見学カードの書き方は練習が必要ですか？」

　見学カードというと，見たことや聞いたことをすべて文章で書き取ろうとする子どもが多いようです。見学カードはキーワードだけをとらえて記録することを，国語科の学習などとも関連させながらあらかじめ指導しておきましょう。そのためには，よい見学カードの例を教師が作成したり，すぐれた見学カードを書いている子どもの例を紹介したりしましょう。なお見学カードは文字だけではなく絵図や表なども適宜活用しましょう。

> 　見学カードは，あらかじめ見学のねらいや見てくるもの，注目する視点などを明確にして，効果的なメモをさせましょう。見学カードでは文字だけにこだわらず絵や図，表なども適宜取り入れさせましょう。

39 社会科の新聞づくりは どのように行えばよいのですか？

ここがポイント

◎新聞づくりの意味をとらえる

　社会科では，学習したことの表現方法の一つとして，よく新聞づくりが行われます。しかし，ただ新聞を作らせるだけでは学習効果は高まりません。どのように作らせて，どのような学習効果が上がったか，しっかりと評価できる能力を教師が身に付けなければなりません。

◎新聞を作らせる場面

　①課題型＝学習の始めに記事のテーマを決めて，学習に沿って作らせる。

　②毎時型＝毎時間の学習のたびに記事を作らせて，単元の終了時に完成させる。

　③まとめ型＝単元の終わりに，まとめとして書かせる。

　ほとんどの新聞づくりが③のまとめ場面で作られています。しかし，①や②のように作ることも効果的です。特に，時間のない場合には②がすすめられます。

①課題型のイメージ

自動車新聞	
工場においでよ	自動車はこう作る
働く人の一日	自動車づくりのひみつはこれだ

②毎時型のイメージ

自動車新聞	
1時間目	2時間目
3時間目	4時間目

◎新聞づくりのポイント

（1）　新聞を持ってこさせて，新聞のつくりについて学習させる

　ほとんどの教師は，この活動をさせないまま新聞づくりをしています。そのため新聞が

何かもよくわからないまま，子どもは漠然としたイメージで新聞を作っています。これでは，よい新聞は作れません。新聞の特徴をつかませてから作らせましょう。

・新聞には，人目を引く大きな目立つ文字で書かれた見出しがある
・縦書きが多いが，見出しなどを横書きにすることもある
・漫画，社説，広告などがある
・写真や絵や図がある

(2)　新聞を読む相手（読み手）をあらかじめ想定する

　新聞は読む相手を意識して作ります。読者によって伝える内容や使う用語も違ってきます。読者となるのは，学級のみんなか，下級生か，ほかの学級の子どもか，保護者か，町の人か，社会一般かなど，対象を絞ります。もし下級生が対象なら，より平易な言葉を使い，文字より絵を多くした新聞を作るように工夫する必要があります。

(3)　個人かグループか

　個人で作る場合は小さな紙面，グループの場合は模造紙などが考えられます。グループで作る場合は，どの部分を，どの子どもが書いたのか明確にしておかないと，個人の評価ができません。

二人で一つの新聞を書く

こんな子どうします？

◎新聞づくりを途中ですぐに投げ出してしまう子

　「ここにはこういうことを書いてごらん」と，あらかじめ書く内容やスペースを指示してあげると書ける場合があります。また，文章を書くことに苦手意識のある子どもには，絵や図で表す方法もあることを伝えましょう。

ある先生にこう言われました

◎「新聞づくりは子どもも喜ぶし，教師にとっても手間がかからない学習法だよ！」

　まとめとして新聞をただ作らせておくだけでは，ほとんど学力はつきません。また，見栄えを重視する新聞づくりも，本来の社会科の趣旨からすると疑問が残ります。

　見栄えがよいかどうかより，社会生活についての理解が深まったり広まったりしているかを教師が作成途中で確認し，そうなっていない子どもには参考となる資料について助言や指導をします。そして，自分なりの考えを表現できる「社説，意見欄，コラム，広告」などを書く場所をあらかじめ設定するなどの工夫をしましょう。

フレッシュ先生が陥りやすい「落とし穴」

◎「どんな点に注意して新聞を書かせたらよいでしょうか?」

①人目を引く見出しを
工夫しましょう。横や縦
に自由に書きましょう

②友達にも
わかる言葉で
書きましょう

③文字の形や太さ
などを工夫しま
しょう

④絵もかきま
しょう

⑤適宜, 写真も
はりましょう

⑥グラフや
図, 表も入
れてみま
しょう

⑦適宜, 四
コマ漫画も
入れましょ
う

⑧宣伝を入れ
て PR するの
も工夫です

⑨感想や
意見, 社
説も書き
ましょう

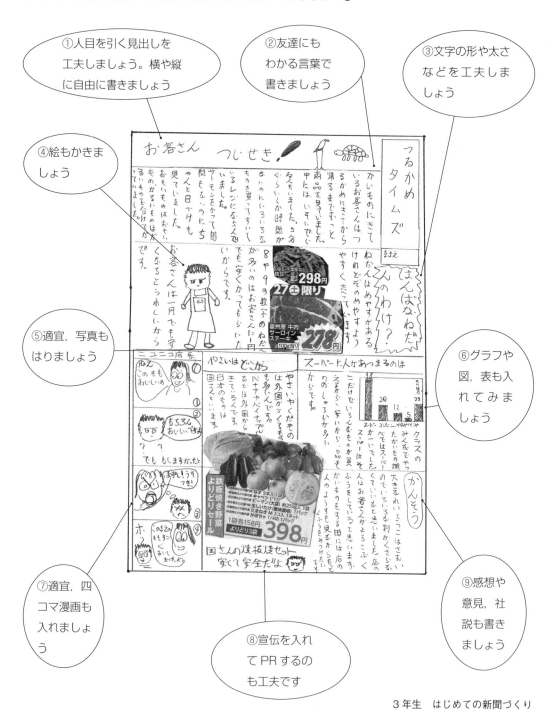

3年生　はじめての新聞づくり

106

◎「新聞を作るときの留意点は？」

(1) 丸写しを避ける

　既成の新聞のイメージを真似して作らせます。書くときに圧倒的に多いのが，教科書や本，資料集，またはインターネットの資料などを丸写しするものです。それでは理解したことにはなりません。自分の言葉ややさしい言葉に直して書かせるようにしましょう。また，丸写しは著作権にもふれることを説明しておきましょう。

(2) 完成のイメージをあらかじめ教師が見本として示す

　見本を示すとそのまま真似することも考えられますが，教師が実際に書いてみないと子どももイメージがわきません。また教師が書くことにより，完成までのおおよその時間を想定することもできます。

(3) 見出しをまず考えさせる

　「十七条憲法ができた」など，ただの事実だけでは見出しになりません。「十七条憲法ここがポイント」など，みんなにアピールしたいことを端的な言葉で書かせます。見出しの主張が明確になるとその後の文章にも勢いが出てきます。

(4) 個人差には紙面の大きさで対応する方法もある

　何時間で書かせるかをあらかじめ明示します。新聞づくりで多い悩みが，子どもにより完成までにかかる時間に差が出るということです。作成する新聞の用紙の大きさを変えたり，枚数を変えたりして個人差に応じる方法もあります。大きな新聞や枚数の多いほうが自動的によく評価されるような評価の仕方をしてはいけません。

◎「新聞はどう評価すればいいのでしょうか？」

　新聞づくりで大切なことは作った後の評価です。きれいに字が書けていることを評価したのでは国語科的な評価となってしまいます。絵やイラストが上手ということだけでは図工科的な評価になってしまいます。社会科の評価は次の視点から行います。

　　・事実が正しく書かれているか
　　・自分の見たことや調べたことをもとにして，自分の言葉も交えて書かれているか
　　・理由や社会的な背景や意味が書いてあるか
　　・自分の考えや意見，主張が書かれているか
　　・学習活動や社会的事象に対する関心・意欲があるか

作品を作らせたら
評価が大切だね

　社会科の新聞づくりは，だれを対象に，何時間で，何についての新聞を作らせるのかを明確にしましょう。さらに，実際の新聞をよく観察して，本やインターネットの丸写しを避け，絵や写真なども適宜入れ，自分の考えや意見がわかりやすく表現されるような工夫を大切にしましょう。最後に自作の新聞の要点を説明できると深い学びになります。

40 社会科のポスターセッションはどうさせればよいのですか？

ここがポイント

◎ポスターセッションとは

　ポスターセッションは，主にテーマごとにグループなどで調べたことを模造紙や大型の画用紙に描いて，小さな発表をコーナーなどで行うものです。学習する子どもたちは，多数のコーナーを回って説明を聞き，質問をしたりメモをしたりします。

みんなの前で説明する

◎ポスターセッションが有効な場合

①表現が苦手な児童が多く，文章や言語による表現力を付けさせたい場合

②社会的事象をまとめる力や整理する力，表現力を付けさせたい場合

③児童により調べたいことが違い，それを後で共有化したい場合

こんな子どうします？

読むのではなく説明するのね

◎資料を読むだけの発表になってしまう子

　資料の丸写しではなく，意味のわからないことはあらかじめ調べ，難しい言葉は平易な言葉で書き直させましょう。使用する漢字も学年に応じたものにします。ポイントとなる用語や絵図などを表示しておき，それを自分の言葉で表現させるようにしましょう。

ある先生にこう言われました

◎「ポスターセッションをする場所を確保するのが大変だよ！」

　机や椅子，模造紙などをはるボードなどを配置する場所が必要です。また，グループを近づけて発表させると互いに声が聞き取れません。そこで，複数の教室を準備するか，オープンスペース，特別教室，体育館などを使いましょう。

フレッシュ先生が陥りやすい「落とし穴」

◎「発表を聞く相手を明確にしておいたほうがよいでしょうか？」

　友達かそれとも何年生の子どもを相手に発表するのか。または，保護者や地域の大人などに対して発表するのかなどを明確に想定しておきましょう。当然その相手が理解できるような平易な用語を使って説明することが基本です。

◎「一回の発表時間はどのくらいが適当でしょうか？」

　学年にもよりますが適切な時間は，3分から10分程度です。発表するテーマや発表者の順番，発表者の役割分担などを明確にしておかないと，時間が延びてしまいます。また，一回に何人程度の聞き手を想定するかということも大切です。

◎「模造紙を読むだけにならないためにはどうしたらよいでしょうか？」

①キーワードによりポイントだけを示したり，箇条書きで書く。

②絵・図・表・グラフなどを使う。

③模型やジオラマなどを使う。

④田植えや工場での作業の様子などの模擬体験を取り入れる。

⑤難しい用語は避けて，やさしい言葉に直す。

⑥クイズ形式，選択形式，穴埋め形式，正答の一部を伏せたり，予想場面を取り入れ考えさせるなどの工夫をする。

⑦予想される質問の答えも準備する。

こうやって田植えをします

◎「ポスターセッション全体を評価するには？」

・わかりやすく内容が発表されているか

・発表の仕方に工夫が見られるか

・自分の見たことや調べたことをもとにして，自分の意見や感想も述べられているか

・聞き手の疑問や興味・関心を引き出すものになっているか

・時間は適切で，コンパクトにまとめられているか

　ポスターセッションは，子どもが追究した問題や調べたことを発表する場です。しかし安易に使うとただ書いたことを読んでいるだけになります。聞き手を意識させ，わかりやすい用語に置き換えるなどの工夫をしましょう。

41　社会科の絵本は どう作らせればよいのですか？

ここがポイント

◎絵本で表現させるのに適切なもの

「水の旅」「○○の歴史」など人物の歴史や，流れ，物語性のある題材などは絵本づくりに適しています。しかし，並列的にまとめるものや，流れがないものについては絵本は適していません。本格的な絵本づくりには時間がかかるので，ミニ絵本にしたり，何人かで分担して作ったりする方法もあります。

◎作る人数

①一人で作る場合→紙面の大きさをなるべく小さくし，作成に負担がかからないものにしましょう。また，最後にまとめとして作るかたちのものより，毎時間のまとめとして作っていき最後に全体が完成するかたちのものもよいでしょう。

②何人かで分担して作らせる場合→全体の流れ

絵本の題を考えて書く

をつかんでから分担させましょう。無駄な作業時間を費やさないようにするためには，それぞれが一部分を書いて，後で貼り合わせる「貼り合わせ絵本」は効果的です。しかし，どの部分をどの子どもが書いたかわからないと評価する場合に困るので，分担したところを明確に記名させましょう。

こんな子どうします？

◎流れのない絵本になってしまう子

どのような「題」にするか，一応考えてから作成しないと内容が一貫しません。最後に「題」を修正するのはかまいません。

年を区切りながら人物の業績についてまとめた絵本

ある先生にこう言われました

◎「子どもに絵本を作らせておけば楽しんで活動するよ！」

　ただ作らせるだけでは，ねらいは達成できません。まず絵本がどのように作られているか，実際の絵本を調べさせましょう。作品づくりは，完成品をイメージしてから作らせることが大切です。社会科の絵本の場合，文字が多くなりすぎる傾向があるので，文字数についても考えさせ，本の丸写しなどにならないようにしましょう。

フレッシュ先生が陥りやすい「落とし穴」

◎絵本のつなぎ方は？

　①ふつう折り型＝画用紙を順に山折り，谷折りと折っていって，そこに絵と文章を書いていくかたちです。

　②ふたつ折り型＝背後をのりで貼り合わせるかたちです。枚数を最初から固定せずに継ぎ足せる点が有利です。

③一枚セット折り型＝１枚でできる手軽
　さがありますが，子どもにとっては天
　地の方向が難しくて混乱する場合もあ
　ります。ミニ絵本を作る場合に便利で
　す（右図参照──は，横に２つに折り，
　はさみで切ります）。

④巻物型＝流れがあるものには特に効果
　的です。ただし同時に書くためには，
　後でつながなくてはなりません。

I	8	ㄥ	9
2	3	4	5

画用紙１枚で作るミニ絵本

⑤仕組み絵本型＝飛び出す絵本など，様々な工夫ができます。

◎絵本づくりの手順は？

①絵先行型＝最初に絵を描いて後から，文章を考えていくかたちです。絵には無駄な部
　分がないのですが，文章が多い少ないという偏りが出る場合があります。

②文章先行型＝文章には無駄がない代わりに大事な部分の絵が省略されたり，たいして
　必要がない絵が入る部分が生じる場合があります。

③絵本の大きさ＝学級全体に見せるのなら，大きな絵本にするとよいでしょう。グルー
　プなどで回し読みするのなら普通の用紙で十分です。

④表紙＝文字はあまり書かないほうがよいと思います。だれもが読みたくなるような象
　徴的な場面にします。

⑤製本＝一般的には，１冊のみ製作します。はずれたり浮いたりしないように綴じ目に
　注意します。全員に配付する場合は印刷が必要になります。

⑥試読＝自分または友達に試しに読んでもらいます。字が抜けているところや説明が不
　足しているところ，絵がわかりにくいところなどを指摘してもらい修正し，公開して
　友達と読み合い，感想を書いて評価し合います。

◎人物絵本では最後に「学んだこと」を書かせましょう

　小学校の社会科の中でも歴史的内容については，人物や文化財を中心に学習するため，
ややもするとその人物の業績の解説で終わってしまうことも少なくありません。

　そこで，調べたそのような業績をもとに，自分はどんなことを学んだか，どんなことを
考えたかということを最後に書かせたいものです。

　・人物の業績で感心したり驚いたりした点
　・人物の業績に対する自分なりの考え
　・その時代にその人物が果たした役割
　・その人物から今の自分が学べる点　　など

絵本づくりは時間がか
かる点が難点です。夏
休みの課題などにする
方法もありますね。

学んだことを書かせる場合には，歴史的背景や人物の業績などこれまでの学習が十分生かされたものにしたい。絵本の場合は，前のページにそれらの記述があるのでふりかえって読んでから書かせることも効果的である。

歴史上の人物になりきってその人が学んだことを書く。「私は…のようなことをアメリカから学びました」のように書かせてもよい。

自分が歴史上の人物から学んだ自分なりの考えを書いている。単に「すごい」「えらい」ではなく，何がどうすごいのか，どうして偉いと感じたのかを具体的に書かせるようにしたい。

ここでは，その時代に人物が果たした役割について「人物と日本」という関係に注目させて書いている。どの視点で書かせるかは指導者が工夫し指示したい。

ジョン万次郎がまなんだこと

ジョン万次郎は外国（アメリカ）で英語やりょうしのことなどを勉強しました。また進んだ文化のことも勉強してアメリカの大学でも一番のせいせきをおさめました。

ジョン万次郎と日本

ジョン万次郎は幕府のさ国令を名破りました。けれどアメリカに行って文化を日本に紹介したり、外国人が日本にきたりすると通やくをしたりしました。はっきり言ってジョン万次郎はスパイのようです。外国にいき日本にかえってきて話をするのだから。。。

ジョン万次郎から学んだこと

日本はさ国をし文化がおくれていたから、アメリカから文化を紹介してくれたので日本にとっては役立ちました。だけどかえってきてつかまれば命もあぶないのに勇気があるすごい人だと思いました。もしジョン万次郎がいなかったら日本の文明開化はもっとおくれていたと思いました。

最後に「人物より学んだこと」を書く

絵本は，文章だけではまとめにくい内容や，物語性のある内容のものに多く用いられます。絵本は，子どもが社会的事象をイメージするのには適しています。また自分なりの表現ができて比較的伝わりやすいという利点もあります。ただ，作成に時間がかかるのでどう効率的に行うか，また作品をどのように評価するかが課題です。

42 「ふきだし」はどのように書かせればよいのですか？

ここがポイント

◎「ふきだし」は多角的に人の気持ちや考えを表現するツール

　社会科で使う表現方法には様々なものがあります。その中でも立場の異なる人や歴史上の人物などの気持ちや考えを表現させる方法として「ふきだし」がよく用いられます。「ふきだし」を用いることのよさは次のようなものです。

　・漫画に慣れている子どもにとって親しみがあり取り組みやすい

　・人の気持ちや言葉をありのままに表現できる

　・その人物の立場に立って多角的に社会の出来事を見たり考えたりできる

◎「ふきだし」の表現方法

　「ふきだし」を書かせるときは次の点に注意しましょう。

　・どのような立場の，どのような人の，どのような設定条件（場所・場面・時間等）での「ふきだし」なのか明確にする

　・単なるつぶやきなのか，だれかに向かっての言葉なのかを明確にする

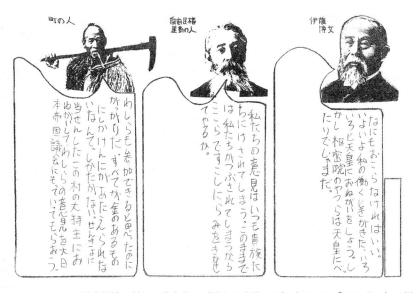

国会開設に対して多角的に（異なる立場から）書かせた「ふきだし」の例

◎「ふきだし」は様々に使える

①双方向の「ふきだし」

　2人以上の人物に互いに「ふきだし」で言葉を言わせます。それを繰り返すかたちで番号を付け，「ふきだし」を書かせると，深まりや広がりをもたせることができます。

②時間的経過をイメージした「ふきだし」

　事件の前と後（今と10年後など）の異なる時間をイメージして書かせます。

③建前と本音を使い分けた「ふきだし」

　建前は口から，本音は頭から，使い分けて表現させます。人物の立場や役割を意識させ，より深い認識に迫ることができます。

建前（口から）　　本音（頭から）

こんな子どうします？

◎感情移入ができない子

　教科書を写すような「ふきだし」しか書けない子については，その人がうれしいと思ったことやいやだと思ったことを書かせると書ける場合があります。

ある先生にこう言われました

◎「『ふきだし』は，顔は描かなくてもいいよ！」

　だれが言う言葉なのかを特定しない「ふきだし」は，設定条件が不明確なので，避けましょう。

フレッシュ先生が陥りやすい「落とし穴」

その人物になりきって気持ちを書くんだね

◎「ふきだし」を書かせて終わり？

　「ふきだし」を書かせたら，その記述を評価しましょう。

・設定条件のもとで，正しい事実がとらえられているか

・その人物の立場に立って気持ちや考えが表現されているか

・社会的背景や因果関係などをつかんで言葉が記されているか

・歴史上の人物では，前後の歴史的事実が正しく認識して記されているか

　「ふきだし」は人の気持ちや考えを表現させるためには効果的な方法です。明確な設定条件に沿って多角的に表現させるとともに正しい評価に努めましょう。

43 パンフレットはどう作らせればよいのですか？

ここがポイント

　パンフレットは，文字，絵，図，写真などを使って，自分の主張を伝えるためのものです。したがって，手に取ってみただけで内容がわかるものにしましょう。

◎パンフレットづくりの手順

　①何をパンフレットで主張するのか，指導の「ねらい」を明確にします。

　②様々なもののパンフレットを集め，その作り方を学びます。キャッチフレーズはどのように示してあるか。文章の量，絵，図，写真などの配置や使い方をとらえさせます。

　③配当時間や学年発達段階からしてどの程度の分量のパンフレットが適切か考え，用紙の大きさや折り曲げ方を決めます。

　④できたパンフレットを配布する相手を想定します。

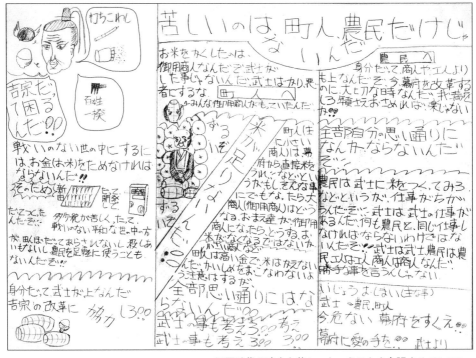

江戸時代の武士も苦しいということを主張するパンフレット

⑤教師があらかじめ作ってみて，児童が陥りそうな問題点を洗い出します。

⑥作成するための資料を集めさせ，パンフレットを書かせます。必要に応じて絵や写真などを加えたり着色したりします。

⑦できたものを相互に見せ合ったり，印刷してみんなに配布したりします。

⑧教師が評価して児童に返します。

こんな子どうします？

◎パンフレットではなく作文になってしまう子

　主張したいことを明確にします。例えば，自動車工場のパンフレットの場合は，この工場の自動車の安全性，環境への配慮，価格と性能などを取り上げさせたいものです。

ある先生にこう言われました

◎「パンフレットを作るのに準備はいらないよ！」

　パンフレットそのもののイメージがない子どもに，いきなりパンフレットを作らせても戸惑うだけです。ある程度のイメージがある子どもでも，細かくどのように作られているかは意外に見ていません。パンフレットに限ったことではありませんが，作品づくりではあらかじめ作る作品のイメージや作り方を調べてから作成に取りかかるのが鉄則です。

フレッシュ先生が陥りやすい「落とし穴」

◎「時間がだらだらと延びてしまいます…」

　限られた時間で効率よく作成させましょう。

①「2時間で作る」など，あらかじめ時間を示しておくようにします。

②パンフレットの紙面を少なくする。パンフレットの場合，表裏があるので新聞より倍のスペースがあります。

③タイトルや主張したいことなど，要点から書かせていくようにします。

パンフレットは
主張を伝える
ものね

　パンフレットは，文字，絵，図，写真などを使って，自分の主張を伝えるためのものです。主張したいものを明確にして説得力のある内容にまとめさせましょう。

44 ワークシートには何を書かせればよいのですか？

ここがポイント

ねらいに沿った指導には適しています

◎ワークシートを作る意味

　ワークシートは，あらかじめ教師が意図した学習のねらいに沿って作成するので，児童はそのねらいのもとで授業の流れに沿って書きこんでいくことになります。問題点は最初に配布する場合，授業の流れが子どもにわかってしまうことです。

◎ワークシートは評価に使うのには便利

　あらかじめ決められた場面で表現させるカードなので，授業後回収すれば児童の学習への取り組みをすぐに把握でき，理解できたか考えていたかなどをすぐに評価できます。また，教室内に掲示してみんなで見合ったりすることも容易にできます。

◎何を書かせるかが大切

　①とらえさせたい知識を書かせるワークシート→どちらかというとサブノート的になり，どの子どもにも同じ用語や事実を書かせることが基本となります。したがって，評価の際には正しく用語や事実が書かれているかを評価します。

　②子どもに自分の考えを書かせるワークシート→当然一人一人書くことが違います。子どもの考えがどのように異なるのかを知ることができます。評価は次のようにします。

　　・正しく事実がとらえられているか

　　・確かな理由や根拠に基づき意見や考えが書かれているか

　　・考えにある程度の客観性や説得力があるか

こんな子どうします？

◎ワークシートを書くことに抵抗感がある子

　教師がワークシートの記入例を見せる，友達の中からしっかりと書けている例を取り上げ紹介する，ある程度教師が書き一部の言葉を考えさせるようにするなど，書き方のヒン

トを示してあげると効果的です。

ある先生にこう言われました

◎「ワークシートがあればノートはいらないよ！」

　ワークシートは，教師が作成して流れを決めてしまうので，子ども自身が問題解決していく経過を見取るのには必ずしもよいことばかりではありません。また散逸する可能性が高いので，ノートに貼り付けたり，ポートフォリオのように集積していくとよいでしょう。

フレッシュ先生が陥りやすい「落とし穴」

◎「考えさせるワークシートはどう作ればいいですか？」

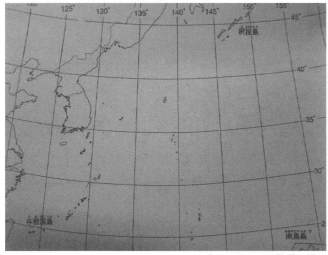

日本のおおよその位置を描く

　左のワークシートは，日本列島のおおよその位置を把握させるためのものです。緯度・経度，周辺の国との位置関係，四つの島の形などを参考にして予想して描かせます。

あれれ。正確な位置がよくわからないよ

◎学習の筋道を伏せておくワークシート

　ワークシートの欠点は，これから考えさせたい内容や授業の流れがわかってしまうことです。それを防止するためには「（　　　　　）についてどう思いますか。」「なぜ（　　　　　）が起こったのでしょう。」などと，キーワードを伏せておきます。または，□だけ書いておき，何を書くかは授業の流れに従い指示するなどの工夫をしましょう。

> 　ワークシートは，あらかじめ教師が意図した学習の流れに沿って作成するものです。作ったワークシートが散逸しないように，ノートに貼る，ポートフォリオにためていくなどの工夫をしましょう。

45 ▶ 社会科の授業で書かせた作品は どう評価すればよいのですか？

ここがポイント

作品の評価はしっかりと

　社会科の授業では，ノート，新聞，パンフレット，ふきだし，絵本など様々な表現方法があります。ここでは，ノートを例にして，子どもたちが書いた作品の評価の仕方について取り上げてみます。

◎評価・評定のポイント

　社会科の3観点について評価します。

・知識・技能……正しく知識を理解し，具体的資料を通して必要な情報を調べまとめているか。

・思考・判断・表現……社会的事象の特色や相互の関連，意味を考えたり，社会に見られる課題を把握し，その解決に向けて社会への関わり方を選択・判断したり，考えたことや選択・判断したことを表現したりしているか。

・主体的に学習に取り組む態度……地域や我が国や歴史に関する社会的事象に対して主体的に学習問題を追究し，よりよい社会について考え，学習したことを社会生活に生かそうとしている。

　なお，全体としての評価は次のようにすると比較的簡単にできます。

A　理由や根拠をもとに自分の考えや意見などが書かれている

B　社会的な意味や社会的背景などが正しくとらえられている

C　事実と事実の関係，原因と結果などの関係が正しくとらえられている

D　事実を正しくとらえている

E　事実のとらえ方に誤りがある

こんな子どうします？

◎教科書や資料を丸写ししただけの作品を作る子

　「30字でまとめなさい」などで限定して自分なりの言葉で要旨を書かせたり，ペーパーテストと併用するなどの方法が考えられます。

ある先生にこう言われました

◎「作品づくりは自習させておけばよいし，子どもも喜ぶから多く取り入れるべきだよ！」

　貴重な授業時間数なので，作品づくりをさせるのなら教師が適宜指導をして，意義あるものにしなければなりません。少なくとも「書かせて終わり」は避け，適切な評価をすべきです。

フレッシュ先生が陥りやすい「落とし穴」

◎「見栄えのよいものに高い評価を与えていいですか？」

　きれいに書けているものや文字がきれいなもの，文章が上手なものに高い評価を与えてしまうことがあります。しかし，社会科の評価基準からすると，これらは適切とは言えません。作品の出来栄えなら図工科，文字がきれいなものや文章が上手なものは国語科の評価として考えるほうが適切です。

　例えば，思考・判断・表現の評価の場合，自分の考えが単なる思いつきではなく，これまでの学習や他の資料などから理由や根拠をもとにして書いている子どもや，多角的な視点から書いている子どもには良い評価を与えてよいことになります。

```
11月19日　月曜日                    42
スーパーマーケットでは、お客さ
んがたくさんくるためどのような
工夫や努力をしているだろうか。

（自分の考え）理由も

・レジの近くに、荷物をまとめ
　る所がある。それだとおもいに
　もっを長くもっていなくてすむ
　から。

・できたての物が売っている。た
　ぶんお客さんが、おいしい!!ま
　たこようと思ってくれるためだ
　と思う。

・すごくすずしかった。それだと
　食品がいたまないから。

・どこになにがあるのか
　あんないがある。
```

ノートを使って評価する

◎「どうして，このような考えを書いたのか，わからない場合はどうしますか？」

　授業後に「どうしてこう書いたのですか」と聞き取りして，文字に表されていない点を把握することも大切です。

自分の考えを
しっかりと書く
ことが大切ね

　新聞，パンフレット，ふきだし，絵本など，社会科には様々な表現方法があります。これらを適宜取り入れ児童の考えを整理させるとともに，評価をして返してあげることが大切です。

46 教師による自作の記述式テストは どう作ればよいのですか？

ここがポイント

関心をもって調べる

◎自作テストを作る意味

　思考・判断・表現などは，市販テストだけではなく教師の自作テストもあわせて行ったほうがより適切な評価となります。なぜなら，思考・判断・表現については一度原因や理由などを考えても，それを覚えてしまうと限りなく知識に近くなるからです。主体的に学習に取り組む態度についてはペーパーテストだけで評価するのには限界があります。

◎思考・判断・表現の能力に焦点をあてたテストの例

　（5年：わたしたちのくらしと食糧生産）　　（　）は解答例

---

①稲作農家の仕事のうち，昔，特に大変だったことを3つあげなさい。［知識・技能］

　（田植え，除草，稲刈り　等）

②その仕事はある変化により今では楽にできるようになりました。どうしてですか。

［思考・判断・表現］

　（機械化が進んだ，除草剤を使うようになった）

③そのような変化が起こったためによくないことも起こりました。なぜでしょう。

［思考・判断・表現］

　（機械でけがをする人も出た，機械を買うお金が必要になった，除草剤が身体に害を与えることもある，共同作業が減って農家のつながりがうすくなった　等）

◎地域教材に対する自作テストの例

　（3年：わたしたちの市の様子）

---

①板橋区で盛んに作られている野菜は何ですか。［知識・技能］

②どうしてそのような野菜が多く作られているのでしょう。［思考・判断・表現］

③板橋区の農家が最近困っていることは何でしょう。［思考・判断・表現］

こんな子どうします？

◎記述式テストになると突然何も書けなくなる子

　日本のテストは〇×や記号式が多いために，記述式に慣れていないのです。みんなで記述式テストでの記述の仕方を練習することも大切です。

ある先生にこう言われました

◎「市販テストには3観点とも評価できる内容があるから，自作テストは必要ないよ！」

　記述式の自作テストは，市販のテストでは測れない知識や能力を測定する上で効果があります。

フレッシュ先生が陥りやすい「落とし穴」

問題解決的な社会科をやっていれば簡単ね

◎「記述式の自作テストはどう評定すればいいのですか？」

　あらかじめ解答の採点基準を作っておきます。左ページの例では，

　①「田植え，除草，稲刈り」の3つでは10点，2つでは7点，1つでは4点。

　②機械化が進んだ，除草剤を使うようになった，の両方が書かれていれば10点，1つでは5点，それ以外でも正答があれば5点加点　など。

　③機械でけがをする人も出た，機械を買うお金が必要になった，除草剤が身体に害を与えることもある，共同作業が減って農家のつながりがうすくなった，などのうち　2つ以上書いてあれば20点，1つでは10点，それ以外の正答があれば5点加点　など。

◎「論理的な思考力を問うテストはどう作りますか？」

　「あなたがスーパーマーケットをこの市内につくるとしたら，どこにつくりますか。そのわけも書きなさい」「日本の食料自給率を上げるにはどのような対策をしたらよいと思いますか。あなたの考えを書きなさい」というような設問です。大切なのは，正答ではなくそう考えた理由や根拠です。実現可能なことが正確に書かれていれば正答であり，間違った事実を根拠としていたり，単なる思いつきなどでは誤答となります。

　　教師の自作の記述式テストは，市販のテストでは評価しにくい思考・判断・表現等の能力を調べる上では効果的です。自分の言葉で理由や根拠を説明できるようにしましょう。

47　社会科の前後の接続とカリキュラム・マネジメントはどうしたらよいでしょう？

ここがポイント

◎社会科におけるカリキュラム・マネジメント

　社会科におけるカリキュラム・マネジメントとは，社会科の資質・能力の確実な定着に向けて，子どもや地域の実態を適切に把握し，教科横断的な視点も視野に入れ，P（計画）D（実施）C（評価）A（改善）サイクルを組織的・計画的に進めて，質の向上を図っていくことです。そのためには，開かれた教育課程の推進，教科内容の軽重や時数の配分，必要な人的・物的体制の確保，社会科の前後の接続なども考えてカリキュラムを作成することが大切です。

◎社会科と生活科との関連

　小学校社会科は平成元年度以前は1年生からありましたが，現在では3年生から6年生までとなっています。この時から1・2年生に生活科が設けられています。

　生活科は「具体的な活動や体験を通して，身近な生活に関わる見方・考え方を生かし，自立し生活を豊かにしていくための資質・能力を育成すること」をねらいとしています。

用務主事さんの仕事に気づく

　そして，身近な人々，社会及び自然との関わりについてとらえ，自分自身や自分の生活について考え，意欲や自信をもって学んだり，生活を豊かにしようとする態度を養うことを意図しています。また，その過程において生活上必要な習慣や技能を身に付けさせることも意図しています。

　この中で特に「自分と身近な人々」「社会との関わり」に関するものなどが社会科につながるものです。

・児童の生活圏としての学校・家庭・地域の空間認識
・動植物の成長や，自分の成長についての時間認識
・公共物や公共施設の利用の仕方に関する認識

・学校・家庭・近所で生活している人，働く人についての認識

・集団や社会の一員として自分の役割に関する認識　　など

◎具体的な活動や体験を通して社会科につなげたい能力

・問題解決的に「問い」に気付き，解決する力

・自分を取り巻く人や働く人を調査したり観察したりインタビューしたりする力

・学校の教室や，家や学校と近所の建物・場所との位置を地図に表現する力

・時間や季節の変化についてとらえる力

・公共の意識とマナー　　など

◎幼稚園・保育園との関連

　幼稚園にも，小中学校の学習指導要領と同じように幼稚園教育要領があります。ここでは，「健康」「人間関係」「環境」「言葉」「表現」の5つの領域があり，これらは幼稚園における生活の全体を通じ，幼児が環境に関わって体験や具体的な活動を通して総合的に指導されるものです。この中で特に社会科と関係あるのは，人との関わりに関する領域「人間関係」，身近な環境と

園児と遊ぼう

の関わりに関する領域「環境」です。「人間関係」では，「(2) 身近な人と親しみ，関わりを深め，工夫したり，協力したりして一緒に活動する楽しさを味わい，愛情や信頼感をもつ。(3) 社会生活における望ましい習慣や態度を身に付ける。」が主に関係します。「環境」では，「(1) 身近な環境に親しみ，自然と触れ合う中で様々な事象に興味や関心をもつ。(2) 身近な環境に自分から関わり，発見を楽しんだり，考えたりし，それを生活に取り入れようとする。」が主に関係します。

　保育所にも，厚生労働省が作った「保育所保育指針」があり，3歳児以上については幼稚園教育要領と同じ5領域をふまえて指針が示されています。

◎生活科の「気付き」と社会科の知識

　生活科でいう「気付き」とは，対象に対する一人一人の認識であり，児童の主体的な活動によって生まれるものです。そして，知的な側面だけではなく情意的な側面も含まれます。一人一人に生まれた気付きは，吟味されたり一般化されたりしていないものの，確かな認識へとつながるものです。つまり，社会科でいう「知識」へとつながる一人一人の認識の初歩ともいえます。

　　社会認識は，社会科学習以前の幼・保・生活科でも育てられるものであり，「気付き」が一般化していくと，社会科の知識となります。

48 自校の社会科副読本は どのように作成したらよいのですか？

ここがポイント

　都道府県や市区町村の社会科副読本と同じように，学校独自の社会科副読本があれば，より地域に対応した深い社会科の学習ができます。学区域にある歴史上の人物や文化財，産業や環境に関係があるものなどを教材として取り上げることが大切です。

◎副読本づくりの手順をとらえる

　①判型，書式，表紙などの全体のレイアウトを決め，予算的な裏付けをとる。

　②自校の沿革史（どの学校にも備えておかなければならない記録で通常校長室にある），卒業アルバム，周年行事記念誌，過去に作成された社会科副読本，市区町村およびその周辺他校の記念誌，地域の人物・文化財に関する資料等を収集する。

　③自校と，自校周辺の地域や世の中で起こったことの年表を作る。

　④大きく時代区分を分けて，そのまとまりごとにイメージをもつ（例えば，学校ができるまで，学校ができたころ，大きくなる学校，私たちの学校など）。

　⑤1時間ごとに児童が問題解決をしていく様子をイメージしながら書く。

　⑥エピソードなど地域の方々の聞き取りを行い，より生きた副読本とする。

◎欠かせない内容

　・学区域の地図（イラストマップなど）

　・必要に応じて航空写真

　・学校と学校周辺の地域の年表

　・校舎・校地変遷図・参考文献・編集協力者

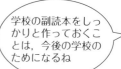
学校の副読本をしっかりと作っておくことは，今後の学校のためになるね

こんな子どうします？

◎自校の歴史に興味・関心を示さない子

　「学校たんけんクイズ」として「昔，学校の井戸があったのはどこか」など，おのずと自校の歴史に興味をもたざるをえないようなクイズを出してみましょう。

ある先生にこう言われました

◎「周年行事のときに記念誌として作ればいいよ！」

　記念誌には予算が付くので副読本づくりにとってよい機会です。ただし，記念誌には，あいさつなど副読本とは異なる要素も必要なので調整が必要です。

学校独自の社会科副読本

フレッシュ先生が陥りやすい「落とし穴」

◎引用する場合には著作権と年に注意

　引用した文献は参考文献として記しておくのがルールです。また，別の本に書いてあっても事実かどうか裏付けを取る必要があります。特に「年」については，誤って記述されている場合が多々あります。学校の区切りは「年度」なのに，世の中の区切りは「年」が多いために間違いやすく，1年ずれて表記されているものも多々あります。写真の無断転載もトラブルになるので，著作権者や関係諸機関に承諾をもらうなどの措置が必要です。人権や肖像権にも配慮しましょう。

◎事実を並べても副読本にはならない

　「何年に何が起こった」ということを記していっても，それは記録にはなりますが，子どもが学習するための副読本にはなりません。そのころの子どもや人々のくらし，世の中の動きなどが見えてくるものでなければなりません。だから取り上げる内容はデフォルメされたものであってよいのです。例えば「1クラス60名」というタイトルを付けたページを起こし，いかに児童数が多かったかということを中心に記述します。そこで扱う内容は，例えば次のようなものが効果的です。

　・全校の児童数と教室の児童の様子
　・開校以来の児童数の変化のグラフ
　・60名学級の写真や人数が多いことによるエピソード
　・今の子どもたちとの学習や遊びの比較

　「わたしたちの〇〇小」という子ども向けの社会科副読本を作るには，年表から始め，特徴的な出来事を中心にいくつかの時代に分け，出来事やエピソードをもとに子どもが問題解決をしていくように記述していきます。

49 社会科の校内研究に取り組むためには どうすればよいのですか？

ここがポイント

◎ 社会科を重点教科として取り組む学校が依然として少ないわけ

　全国的に見ても社会科を校内研究の教科として選んでいる学校は多くはありません。その理由としては，

　①教えることが多くて大変→教師が中学校・高等学校で暗記中心の社会科を学習してきたことの体験からのようです。

　②教師自身に苦手意識がある→本来は苦手なものを研究するのが校内研究なのですが，その意欲も起きないようです。

熱心な研究協議の様子

　③何を教えるのかわからない→小学校の社会科は，地理，歴史，公民的な内容が混在しているというイメージなのでわかりにくいようです。

　④調査や見学に行くのが大変→地域や社会を見なければ社会科の学習になりません。

　⑤低学年にないので校内体制として扱いにくい→生活科と連動させましょう。

◎ まず地域を知ることから始める

　「社会科とは何か」など理論的な内容から始めると，多くの教員は研究意欲が減退します。まずは地域めぐりから始めましょう。毎月，地域にある神社，文化財，店，公共施設，駅，会社などを調べに行きます。出かける前に主に調べてくることは何かというめあてをもちましょう。見学にはノートと筆記具，カメラなどを持っていきます。あらかじめ社会科が得意な教員が模範の質問をしてみせます。帰校後，順番に記録を整理して全員に配ります。これを繰り返すと興味が薄かった教員も次第に調査の仕方を学ぶとともに，地域に興味・関心をもち社会科が好きになります。

◎ 研究授業はあらかじめ研究の視点を明確にして行う

　指導法，学習内容，発問，板書，児童の発言，表現方法，評価など研究授業で検討する視点を2つ程度示してから授業を行いましょう。研究協議会ではその視点に沿って良かったのか悪かったのか，改善点はどこか協議しましょう。

◎研究のゴールをイメージして進める

　こういう指導を工夫すれば，このような成果や子どもが育つであろうという「仮説」を
もとに行います。最後の研究冊子をイメージし，今はそのどの部分の研究をしていると考
えながら研究を進めるようにしましょう。

こんな子どうします？

研究授業は回数を
こなすほど授業力
がつくそうです

◎研究授業になると緊張する子

　いつも挙手するのに挙げなかったり，研究授業になるとわざとふざけた発言をする子ど
もがいます。子どもも緊張しているのでリラックスさせる声かけをしましょう。

ある先生にこう言われました

◎「研究が盛んな学校は忙しくて大変そうだな！」

　校内研究は2年計画が望ましいと思います。1年間だと，計画を立てて調査や理論を考
えているうちに1学期は終わりとなり，2学期の実践もそこそこに，3学期はまとめなけれ
ばなりません。2年間をスパンとすれば，少なくとも1年目の2学期から2年目の2学期
まで1年半は実践研究に集中できます。

フレッシュ先生が陥りやすい「落とし穴」

◎「前の時間に類似の内容の授業を行い練習して，研究授業本番にそれを繰り返せばよいでしょ
　うか？」

　方法を練習するのはかまいませんが，内容まで練習してしまうと研究のための研究，つ
まりやらせの授業になってしまいます。研究授業のねらいは日常の授業の質を上げること
であり，教師がよいところを見せるためのショーではありません。

◎「みんなの意見を聞いて何をやるか決めるのがよいですか？」

　「どうしたらよいでしょう。みんなの考えをまとめて共通理解することが大切です」で
は，研究は永遠に前進しません。研究推進委員会が必ず案を作り，リードしていくことが
大切です。

> 　校内研究は2年程度をスパンとして，ゴールのイメージをあらかじめもちなから進めま
> す。研究推進委員会はリードするのが役割です。

50　社会科が好きな教師を育てるには どうしたらよいのですか？

ここがポイント

◎知らない楽しさを味わわせる

　社会科が苦手な教師の多くが，「知らないから教えられない」と言います。それは，教師が正答を答えなくてはならないという思い込みがあるからです。逆に言うと，教師も知らないことがあるから調べたくなり楽しいのであって，知っていたら楽しみは半減します。「先生もわからないなあ。よし，明日までに調べてこよう」と子どもに投げかけ，子どもとともに知らない

教師自ら地域調査をする

こと，わからないことを調べたり考えたりするのが社会科の楽しみです。

◎答えがいろいろある楽しさを味わわせる

　社会科が苦手な教師は「答えが一つでないから困る」と言います。例えば「どうして稲作地帯が東日本に多いのだろう」という「問い」（めあて）の答えはいくつもあります。

お茶はこうやって作られているのか。知らなかったなあ！

◎地域をめぐって教材づくりをする

　地域は教材の宝庫です。「なぜ，あそこに千川上水の札の立っているほこらがあるのか」「なんでこの道は急に曲がっているのか」などと次々に子どもの「なぜ」が出てきて，問題解決的な学習がごく自然にできるのが地域教材です。このような地域教材を，教師自らが開発する過程で地域の人と親しくなれば社会科の授業も楽しくなってきます。

こんな子どうします？

◎社会科は覚えることが多くてきらいという子

　教師が子どもを評価する観点を知識・技能にばかり求めずに，3観点に沿って理解・能

力・態度をバランスよく評価しましょう。最低限覚えなければならない知識に関しては，早く覚えるアイデアなどを提供してあげることも大切です。

ある先生にこう言われました

◎「社会科は教科書を読んで大切なことを黒板にまとめてあげればいいよ！」

　問題解決的な授業について学ぶには，問題解決的な授業場面の映像を借りてきてみんなで視聴し，社会科のよい授業のイメージをもてるようにしましょう。

フレッシュ先生が陥りやすい「落とし穴」

◎「問題解決的な授業のやり方はどうやればいいのでしょうか？」

　社会科の問題解決的な学習がうまくできないという声が多くあります。その場合はまず1時間の問題解決から取り組んでみましょう。例えば「どうして製鉄所は海の近くに多いのだろう」という「問い」（めあて）を立てます。子どもにわけを予想させます。次に問題を追究するために教科書や資料集，教師が配付する文書資料などをもとに調べさせ自分の考えが正しいか友達と考え合います。そして，製鉄所が海の近くにあるわけについてまとめ，本時の感想を書きます。

◎社会科には自由度がある！

　例えば，5年生の学習指導要領の内容(2)の(ア)のアでは「我が国の食料生産は，自然条件を生かして営まれていることや，国民の食料を確保する重要な役割を果たしていることを理解すること」とあります。つまり目標や内容に即していれば，どの地域の農業・農家を取り上げてもよいのです。教師が自ら日本の典型的な農家を訪問し自ら教材開発できるのが社会科です。

子どもたちに働く人の熱い想いを伝えたい

　社会科は内容だけを教える教科と誤解している教師が多いようです。子どもが問題を見つけ教師と子どもがわからないことを調べ，考え，表現しながらともに社会生活について理解していく楽しさを味わえると，社会科が好きな教師になれます。

こんな子どうします？　　　　　　　　の一覧

著者紹介

石 橋 昌 雄 （いしばし まさお）

1953 年，福岡県に生まれる。東京学芸大学教育学部を卒業。都内公
立小学校教諭を経て，1990 年上越教育大学大学院修士課程修了。都
内副校長（教頭）を経て，東大和市，武蔵野市，板橋区の校長を歴
任。2016 年より，立正大学社会福祉学部特任准教授。また，東京都
小学校社会科研究会顧問，関東地区小学校社会科研究協議会顧問，
全国小学校社会科研究協議会顧問，総合初等教育研究所主査，東京
学芸大学非常勤講師を兼任。

社会科の授業実践 50 のポイント ［新訂版］

2013 年 10 月 31 日　初版第 1 刷発行
2020 年 1 月 29 日　新訂版第 1 刷発行

著　者　　石橋昌雄
発行者　　伊東千尋
発行所　　教育出版株式会社
〒 101-0051　東京都千代田区神田神保町 2-10
電話（03）3238-6965　　振替 00190-1-107340

印刷　藤原印刷
製本　上島製本

IBSN 978-4-316-80482-8 C3037